腾讯管理法

刘彦君 黎 明◎著

TENCENT
MANAGEMENT METHOD

ZHEJIANG UNIVERSITY PRESS
浙江大学出版社

无须重新定义管理，回归其本质即可

在阅读《腾讯管理法》的样稿前，我曾以为这本书又要"重新定义管理"。这种担心不是空穴来风，因为市面上已经有很多类似"重新定义××"的书了。在这个技术变革日新月异的年代，似乎一切都在被重新定义，其中包括已经发展了 100 多年的管理学。作为目前中国市值最高的互联网公司，腾讯似乎也担当得起"重新定义管理"的重任。

当我认真地看完这本书，我很高兴地看到这种预期落空了。在这本书中可以看到，腾讯在管理上确实做出了很多探索和创新，但两位作者并没有去发明一套新词，认为腾讯改变了管理的本质。对这一点我甚至有些心存感激，在隔一段时间就会出现一些新词汇的年代里，两位作者没有去投机取巧地造新词，而是踏踏实实地去分析问题的本质，这并不容易。

虽然对管理的定义千差万别,但我认为管理的本质无非是:管理是一个组织人才、资金和资源,高效地实现战略目标的过程。基于这样的理解,我也一直认为管理是为经营目标服务的,衡量一个公司的管理好不好,关键还是要看能否完成公司的战略目标。人本管理也好,企业文化也好,都是为了更好地实现战略目标,管理的手段本身并不是目标。

《腾讯管理法》强化了我对管理本质的认知。无论是创始团队的领导力,还是组织变革、创新管理、人才培养、激励措施或企业文化,这些管理手段都是为了企业更好地成长,能够创造出更伟大的产品,满足甚至引领客户的需求。如果原先的管理方法无法实现企业的战略目标,那就尽快调整,确保组织健康成长,创造客户价值。

按理说,这也是一个常识。但遗憾的是,随着管理的精细化发展,各种理论、模型、方法和流程被发明出来,并诞生了一大批靠贩卖理论和概念为生的"管理大师",很多管理者也沉浸其中,不能自拔,做着一些形式上很"高大上"的事情,却没有把重心放在战略目标的实现中来。久而久之,难免会让一些企业家对管理本身产生反感,认为管理最多是锦上添花而已。

相对于那些纸上谈兵的管理学者,我更愿意相信企业家们对管理的看法。正如脸书(Facebook)的创始人扎克伯格说的那样,他当初并没有计划创办一家公司,只是想要解决一些实际的问题而已。同样,管理也并不是独立于公司而存在的,管理的价值是为了让公司更加高效地运转,从而能更好地实现当初设立公司的使命。

腾讯的联合创始人和董事长马化腾对腾讯的发展愿景是这样的:"腾讯并不希望成为一家传统意义上的大公司,而更希望生长进化成一个共享共赢、没有边界的生态性组织。"从这句话中可以看出腾讯的管理原则,也能够解释为什么腾讯虽然从销售额、员工规模和市值来看都是一家"巨无霸"公司,但组织依然充满了活力,每隔几年就会有一次大的变革。

这本书给我印象最深刻的还是腾讯的两次大变革。一次是腾讯在上市之后,从一家以生产通信软件为主的产品公司转变为一家拥有几百个产品的平台型公司;另一次是"3Q大战"后腾讯的主动变革,从一家封闭的平台型公司变为一个开放的生态系统。这两次大的变革重塑了腾讯的组织架构、企业文化和管理方法,贡献了很多鲜活的管理案例。

中国的企业家喜欢"学先进",那么"腾讯管理法"是否会成为一种类似于"华为管理法"这样的显学呢?我希望最好不要这样。任何管理法都有其特殊的行业背景,也随着发展阶段的不同而千变万化。虽然管理的本质是相通的,有些具体的方法也值得借鉴,但管理者也需要因地制宜,针对企业的实际情况活学活用,而不是邯郸学步、刻舟求剑。

管理是科学、艺术和手艺的结合。管理是科学和艺术这种说法已经够多了,我想重点说一下手艺的重要性。管理中有很多微妙之处,在不同的情境下,针对不同的人,有不同的方法。这种分寸把握只可意会,不可言传,没有多年的实践历练,是无法充分体会的。管理者需要多观察、多实践、多反思,把管理当作一门手艺,不断切磋、日益精进。

我一直很认同管理大师德鲁克的一句话:"管理是一种实践,其本质不在于'知'而在于'行';其验证不在于逻辑,而在于成果。"我希望读者在看完这本书之后,不仅能了解腾讯的管理方法,更能吸取其中对自己的企业发展有利的养料,转化为企业内的行动,并产生积极的结果。

陈雪频

智慧云创始合伙人,小村资本合伙人兼首席战略官

没有管理的管理

管理的本质是什么？是为了解决无限的欲望与有限的资源两者之间矛盾的方法，是为了实现某种目的而进行决策、计划、组织、指导、实施、控制的过程，是为了提高效率和效益的行为。

我们先来看一看一百年前的企业管理：

1903 年 6 月 16 日，亨利·福特将底特律汽车公司改名为福特汽车公司。十年后，在巨大的工厂内，福特享受到了高效生产的喜悦。别家公司组装一辆轿车要用 9 小时 54 分钟，而福特工厂只需要 5 小时 56 分钟。

1914 年，福特汽车公司的 13000 名员工生产了 267720 辆汽车，占有美国轿车市场 48％ 的份额。也就是说，福特汽车公司的年产量几乎是其他所有美国汽车公司产量的总和。当时，16％ 的美国汽车行业从业者属于福特汽车公司。但福特汽车的高产量并不是因为工人多,而是源自于创始人福特的"机器化"管理。

福特认为,若要提高生产效率,就必须减少工人的想法,并把他们的生产步骤也减少到最低限度。最好的状态是,在整个生产线中,每个工人只需重复一个动作。比如,福特第一款爆款车 T 型车就将生产步骤分解为 84 步,并将这 84 个步骤分配给 84 个部门,每个部门里的工人都只需做其中一个步骤。

那么,一百年后的今天以及未来一百年,企业管理又会怎样? 我们相信,无论管理形式如何变化,不变的是它的本质目的——提高效率。只有达到管理的本质目的,企业才能不断接近成功。福特汽车因为有超高的效率,成了汽车领域的巨头;沃尔玛因为有超高的效率,成了零售行业的老大;亚马逊因为有超高的运营效率,成了电商行业的领头羊……无论是过去、现在还是将来,企业管理对高效的追求不会改变。

目标虽然没变,但时代环境变了,人也变了。我们不再处于机械化生产时代,人力也正在被智能机器替代,人的思想得到了极大解放。在今天,想要运用管理手段达到高效的目标,就不能再依靠福特的"机器化"管理模式。

如今的企业,正在走向无管理时代,腾讯就是其中一员。无管理并不代表没有管理或者完全脱离管理,而是强调一种看似没有却又存在,看似简单却又复杂的管理体系——没有太多的明文规定,没有强势的监工,也没有细化到极致的制度。这样的管理,考验的是企业的"内功"。企业如何走向无管理,又该如何在其中生存,这就是《腾讯管理法》一书主要讨论的问题。

未来企业管理就是对知识的管理

早在 17 世纪 20 年代,英国杰出的唯物主义哲学家、科学家弗兰西斯·培根就在其著作《新工具》中,第一次提出了"知识就是力量"的科学宣言。如今,知识经济的发展推动了无管理时代的诞生。知识的创造和传播,提升了人类对自身和外部世界的追求,大大提高了自我管理的要求。科学技术的发展,催生了平台公司的创立,网络实现了人与人之间的无缝连接。正如美国作家托马斯·弗里德曼所言,"世界变平了"。

20 多年前,现代管理学之父彼得·德鲁克就已提出,在新经济中,知识不仅是一种与传统生产要素——人力、资本和土地——并列的资源,而且是今日最有意义的资源。新型社会的独特之处在于,知识成为最重要的资源,而不是一般资源。

与德鲁克同时期的管理学者阿尔文·托夫勒也持有类似的观点。在《权力的转移》一书中,托夫勒写道:"知识是高质量的源泉以及权力推移的关键所在。"他坚信知识最终会取代其他资源,现代企业的经济和生产能力不是集中在硬资产(如土地、厂房和设备)上,而是应当放在知识和服务能力方面。

如今,大师们所预言的"知识社会"已经降临。未来,知识的力量将带来更大的改变。德鲁克认为,这一百年来,管理学最大的成就,是把劳动者的生产力提高了 50 倍。进入 21 世纪后,最大的挑战是如何提高知识工人的生产力。

未来属于拥有知识的人和组织。那些善于运用知识、内化知识、让知识立起来的企业,最后一定会在市场竞争中占据有利地位。但让人担忧的是,部分知识工人的生产力在过去的 70 年里不升反降。如何管理好知识工人,成为企业必须思考的问题。谁能把控好这个关口，谁就有望在这个世纪创造辉煌。

因此，我们在这里研究腾讯，并不是把它看作一个单独的个体，而是希望以这家知识型公司为参照，试图描绘出知识经济时代的企业管理模样。通过对它一举一动的观察，找到过去的影子和未来可能的发展脉络。

本书专注于研究腾讯是如何运用知识、技术为企业的经营和管理服务，如何处理和知识所有者之间的关系，如何调动更多的知识资源的。这些问题的答案，都可以在书中找到相应的解答。

暗默知识管理

美国最具影响力的心理治疗大师维琴尼亚·萨提亚提出"冰山理论"，借冰山的隐喻鼓励人们将注意力转向内在，而不是只关注表象内容，从而得到非表象的认知。

在海面上漂浮的巨大冰山，通常人们用肉眼看到的只是露出水面的那部分，而这一部分于整块冰山而言，所占的比例其实是非常小的。真正的山体隐藏在海面下，这就像长期以来，那些极容易被我们忽略的"内在"。只有潜入海底，才能揭开冰山真正的秘密。

日本著名管理学家野中郁次郎和竹内弘高，在《创造知识的企业》一书中提到了"暗默知识"的概念。他们认为，人的大脑中有大量若有似无的"暗默知识"，它们不太容易被表述和被察觉，但又的确存在。暗默知识是高度个人化的，例如个体的直觉、洞察力和预感都属于这一范畴。

很多暗默知识都被个体认为是理所当然、融入骨子里的东西，直接将其进行形式化传输，很难准确表达出其内在含义。所以，这类知识通常都是一些"只可意会不可言传"的存在,但又有极强的影响力,会左右个体的行动和判断。

企业组织管理和人一样,同样具有内化的暗默知识。这些知识很难被察觉,也非常难以提炼总结。暗默知识就像流水一样,无声无息地在企业管理体系中流淌。也因此,最优秀的组织管理,不是一两句话能够说明白的,它们都具有"只可意会不可言传"的魅力。

本书在研究腾讯管理的过程中,就有机会捕捉到暗默知识的闪光点。我们研究发现,正是因为这些"说不清,道不明"的物质存在,才让腾讯拥有了现在的生命力。

有人试图给这些物质一个统一的名称,比如愿景、价值观、核心竞争力、企业文化,又或者是核心理念等。这些说法都对,但又不全对。可以说,将这些概念提炼整合之后,才会形成一家公司的暗默知识体系。这样的整合,不是简单的加法,而是经过了时间和实践的内化结果。它不仅会影响每一个人,而且会引导组织的发展。因此,它才是企业学不来、偷不走的宝物。

腾讯管理脉络

虽然我们很难完全复制、粘贴某个企业的暗默知识系统,但我们可以根据自身的实际情况加以借鉴。如果一家企业能把从《腾讯管理法》中学到的知识在自身的企业体系中内化,就有可能以此获得属于自己的管理之道。一本讲述腾讯管理法则的书籍无法手把手教你成为腾讯,但只要懂得学习和创造,就一定能从中得到自己想要的。

本书第一章从腾讯的领导者开始,从他们的知识体系、个性、习惯和做事手法说起,因为是他们打下了腾讯企业管理的地基,并且影响着腾讯管理体系的发展。尤其是在企业的初创时期,是他们带领企业走上了一定的高度。

优秀的企业家向来都是优秀的管理人才。企业家管理水平的高低,决定着企业能不能上下同心,能不能高效运转,能不能长效发展,能不能让每位员工在企业中都发挥出自己的价值,实现自己的抱负。

在第二章,本书对最重要的组织架构进行了梳理和研究。可以看到,腾讯每一次组织架构的调整,都是因为学习能力的僵硬和停滞。调整后,组织又焕发新生,学习力继续生长。这种滞塞是知识经济时代管理中特有的问题,是每个企业避免不了的。

在第三章和第四章,本书从内外维度分别剖析了腾讯企业管理的重要经验和方法。虽然腾讯没有出台宏大而清晰的企业管理法,但其自身蕴含的暗默知识体系使其对内对外都能做到管理有方。当然,其中也不乏一些明确的方式方法和规定条例,共同协助整个体系的运转,比如腾讯的对内教育培训、激励考核措施以及对外合作的理念等等,这些都是我们可以借鉴的策略。

在第五章,本书重点介绍了腾讯企业管理的八个与众不同的特质,比如快速调整、主人翁意识等。也许有的特质听起来和其他企业的差不多,但具体到做法上,又会发现腾讯有其独特、全新的阐述方式,而这就是企业把知识进行内化的表现。在《腾讯管理法》中,我们不仅可以看到腾讯是怎么做的,而且可以看到它是如何把一些众所周知的知识内化到自身体系之中,成为自己独有的特质。

腾讯的管理之路,是在摸着石头过河,它经历过五人打天下的初创阶段,经历过架构大调整的坎坷,如今又面临数万员工规模的管理挑战。但无论是对于它的过去还是未来,中国企业可以从中学到的管理之道,还有很多。

第一章　腾讯管理层：组织背后的力量

第二章　拥抱变化：腾讯的管理架构调整

第五章　管理文化：穿透表象见真经

第六章　管理目标：自由地失控

第一章

腾讯管理层：
组织背后的力量

高层管理者是企业管理工具、管理方法的实际操控者，是企业的风向标，决定着企业的发展方向，影响着企业的文化建制和员工动态。企业管理哲学，实际上就是高管们形而上的设计，他们必须勤于思辨，仰望星空，着眼未来。同时，他们又必以独特的人格魅力和品格的力量引领全体员工。

"强将手下无弱兵"，回眸 20 年来腾讯的发展历程，腾讯的管理其实就是由许多高层"英雄人物"的战绩构成的。腾讯高管不是把自己放在企业顶部，更多的是在用自己的力量托起这个企业，成就这个企业。他们的管理风格经过 20 年的演变，不断地成长、丰富和系统化，以至于最终成为腾讯有别于其他企业的管理标志。而这，即是促使腾讯成功的一股特殊的"神秘力量"。

腾讯"总办"的领导力哲学

1998 年，马化腾和 4 名志同道合的朋友一起，共同成立了腾讯公司。

在没有任何政府帮助和社会背景的情况下，经过 20 年艰苦卓绝的奋斗，腾讯从一家默默无闻的小公司，成长为一家世界级的优秀企业，业务遍布全球，总市值突破 3000 亿美元。

腾讯因何取得成功，并且超越了中国和西方的众多同行？

诚然，其中国家的进步、制度的变革因素极为重要，但在同一个时代下，中国曾经出现过的大多数布局社交的企业都已经消亡，像腾讯这样能成长起来的堪称凤毛麟角。

在商业丛林中脱颖而出的腾讯，自然引来了外界的一致好奇和猜疑。有很多人都曾试图挖掘其"野蛮"生长最原始的驱动力，把腾讯本真的面貌展示给世人。但长期以来，业界对此都是众说纷纭，难有定论。

　　或许，我们从腾讯的管理学中能找到一些解答。

　　腾讯现有员工 4 万余人，平均年龄为 27 岁，大部分人都是精英。腾讯的高管们如何将这 4 万多人凝聚起来，释放出他们的能力和潜力？高管们的权威又是如何树立起来的？

　　弄清楚这些问题，我们就可以揭示出腾讯成功的内在基因。

一个特立独行的机构

　　腾讯公司内部有一个比较特立独行的机构，就是腾讯最高指挥部"总办"（总经理办公室），其成员全部来自 C 系（C×O）管理者，包括马化腾、刘炽平、任宇昕、张小龙等腾讯高层。

　　作为腾讯的最高指挥部门，腾讯的所有决策都围绕"总办"这个团队展开。在总办的会议中，成员需要决定腾讯的战略方向、转型方向、重大架构调整以及开放战略、连接策略等对腾讯至关重要的问题。

　　腾讯的总办会议每两周召开一次，马化腾规定，总办成员无论自己的工作多么繁忙，都必须参加会议。总办会议往往一开就是一整天，持续到凌晨两三点是常有的事。在总办会议上，每一个人都要发表自己的看法，最后综合起来达成共识。

　　在这里，马化腾并没有决定权，他也只是总办的其中一员，只能发表自己的意见。如果一项决议获得了大多数成员的认同，那这项决议就自动获得了"批准"。所以，腾讯每一次关键节点上的成功，或者说腾讯每一次行之有效的决策，都不是某一个人的"独断专行"，而是依靠总办成员的群策群力达成的。

腾讯的员工把总办会议看成是英雄们的聚会。没有总办对企业的全力把控，腾讯不可能走到今天；没有总办每一个成员的努力，腾讯也不可能达到现在的高度。

腾讯的总办模式，暗合着彼得·德鲁克提出的观点：企业的规模分为四种——小企业、中型企业、大型企业、超大型企业，每一种规模都有其独特的特性和问题。对于大型企业和超大型企业来讲，其特色就是最高主管的企业运营和目标完成必须以团队的形式展开，每一项工作都需要若干企业高层全职负责。大型企业和超大型企业适用于联邦式的管理组织原则，这也是一个令人比较满意的组织原则。

力量，来源于团队

常有人把腾讯的组织架构看成大小三层金字塔的模式。大三层金字塔是腾讯的宏观管理架构，在这个金字塔中，总办位于顶层，接下来是事业群、业务部门，事业群负责人通常也是总办成员。小三层金字塔是微观管理架构，位于顶层的是部门总经理，其下分别是总监、组长及普通员工。

大三层金字塔作为腾讯的主要业务框架，位于最顶层的"总办"是腾讯所有员工最可信赖的后台。现在，腾讯的每一个业务部门都类似于一个个独立的创业公司，但他们在开拓新业务、争取资源的自主权上必须向总办汇报，在总办进行评估以后，才可以开始操作。

不过，在支撑大局之外，总办并不过多地干涉业务部门的具体事务。腾讯的总办成员无一不反对墨守成规，而是最大限度地授权。因此，腾讯的各个业务单元，各个工作室团队都有自己的财务、人力自由权，每个工作室只有利润率的考核目标,在保证这个考核目标能够实现的基础上,考核良好的工作室团队在既定项目上的进一步决策,都无须向总办申请审批,可以自行开展。也因此,腾讯工作室及业务单元的工作效率非常高。

当然,如果是考核中等或是考核不佳的工作室团队,他们对于项目的进一步决策就需要往上申报审批。腾讯高管们的放权不是一概而论,而是区别对待,一切以工作室创造的价值为前提,以级别来划分。

总办会充分授权,也会对业务部门施加压力,例如鼓励各业务单元进行绩效竞争、人才竞争,让他们承担起必要的责任。腾讯相信,唯有这样,才能激发各个业务单元的创造力和业务冲刺力,创造不断上涨的空间。

在腾讯的各个部门进行业务合作时,总办会充当起一个协调人、牵头人的角色,好比是一支联盟军的统帅,需要站在中间,统揽协调全局各方,实现战果的最大转化。例如,在腾讯与360那场著名的"3Q大战"中,为了抵抗信息泄漏、降低安全风险,腾讯的多个业务部门必须跨部门协作,总办就承担了关键统帅的角色,正是他们高屋建瓴的全局指挥,各个相关事业部的工作才得以快速推进,避免了事件朝不利于自己的局面发展。

总办在办公模式上,有点像是"大权独揽,小权分散"模式,各业务部门和事业群的负责人在业务的拓展上基本自由,但命脉始终握在总办的手中。总办要保证大的目标和方向不出现偏差,这是基本使命。

"沉静型"的总办成员

正确决策、指挥有方的前提下,高管们也不能闭门造车。领导力中很重要的一点,就是要让别人对自己的决策、指挥心服口服。

总办成员自知"让一线呼唤炮火"的重要性，因此在 2005 年以后，总办便设立了不定期的总办接待日，由人力资源部门随机在各个部门中抽取十几名一线员工，给他们与总办成员共进晚餐的权利。在共进晚餐的过程中，总办成员也获得了一个了解市场、了解员工想法的机会。而对这些信息进行过滤综合，站在公司现有和未来的角度来进行深层思考，就是总办的职责。

总办的成员要最大限度地保证自己的"拍板"是符合公司工作需求的，是贴近市场发展方向的。这种特意花精力建设的从最低层到最高层的向上沟通渠道颇有成效，在一定程度上保证了总办决策与员工想法的一致性。而且总办的决策是在一线员工对市场、对自身利益判断基础上的优化，具有更强的理论指导性和实用性。

同时，总办成员也会"冲出去"，跑到一线，和各个业务部门挤在一个战壕里共同战斗。有时候，部分高管还会带领团队一起讨论问题、解决问题，以身垂范。在微信团队里，张小龙便经常与大家一起奋战到凌晨三五点。这种做法也能自然地让员工安下心来，变得极富战斗力。

有人说，经营层面的领导力，细分出来，第一是策略思维能力、战略思考能力，第二是创新和变革能力，第三是强大的执行力，第四是坚韧不拔的意志和让员工发自内心跟随的品质。做到这四点非常重要，毕竟对于高管们来说，管理的阻力无处不在，高管们必定需要这些能力去击败阻力，引领企业继续前进，对员工施加影响力。

腾讯的总办团队长久以来保持着强大的稳定性。其成员普遍低调务实，在公众面前的曝光度并不高，属于"沉静型"的领导，不张扬、不冒进，但却用最坚韧和冷静的态度对腾讯予以掌控，这和其他很多企业高管喜欢包装自己的领导风格截然不同。但也正因为此，他们才能不受其他事情干扰，稳扎稳打，对公司的方向做出现实而理性的判断。他们用自己的特质、能力和行为对腾讯施加着潜移默化的影响，就像是一个个牧马人，将腾讯这匹骏马养得膘肥体壮。

当然，"牧马人"也有高下之分。管理咨询大师拉姆·查兰在其《领导梯队：全面打造领导力驱动型公司》一书中，以跨国大公司为模板，将领导力划分出六个层级：首席执行官、集团高管、事业部总经理、事业部副总经理、部门总监、一线经理。不同层级的管理人员分别对应不同的管理能力。对应到腾讯总办中，马化腾、刘炽平、任宇昕三人分别对应这一领导力梯队最上面的三个层级，而我们也将对他们三人的管理能力一一进行剖析，挖掘他们各自身上散发出来的"神秘力量"。

马化腾:温和谦逊的腾讯"掌门"

毫无疑问,腾讯的成功来源于整个高管团队的共同付出。但我们也应该看到,作为腾讯的"掌门人",马化腾自身的管理格局也在其中发挥了不可估量的作用。

马化腾别名"小马哥",但却少了《英雄本色》中"小马哥"原型的霸气与凶狠,我们更多地看到他身上温和谦逊、低调务实的一面。无论是在举步维艰的创业时期,还是在腾讯已经成为中国乃至世界一个现象级的企业时都是如此。

这很难得,也恰恰是这种特质,让腾讯渐渐地坐稳了中国社交领域互联网老大的位置。

会用人,会平衡

在创业初期,马化腾只是把自己看成一个"程序猿",他坦言在创业之初,他根本没有考虑过领导力这样的问题，只是想去做些事，带领团队一起努力，让企业活下去。

做事需要手段，需要策略。从一开始，马化腾精于识人、用人的管理精髓就已有所显露。

马化腾在创业初期，很清楚自己在创业团队中是一个什么样的角色。他懂产品，但在市场、实践、行政方面的能力有所欠缺。于是他找了4个可以互补的合作伙伴，按马化腾自己的话说：曾李青负责市场，派头很像老板；张志东是学霸，且实践能力超强；陈一丹是政府部门出来的，对行政、法律和政府接待都很有经验；许晨晔曾任职于深圳数据通信局，有丰富的软件系统设计、网络管理和市场推广经验。在这个创业团队中，每个成员都有自己的角色，互不冲突，互相弥补，共同促进了团队的发展。

对于初期创业的团队，人员的分工多半比较粗放，做很多事情不分彼此，一起决策，共同实施。腾讯也是这样。但很重要的一点是，马化腾在对待不同的决策声音时，会充当调停者的角色。每当出现不和的争论时，马化腾总会巧妙地予以引导，"是否这样会更好""为何不能这样"，让别人顺着他的思路继续发散，同时也会让问题提出者觉得这个主意是他自己想出来的。

不能不说这又是一种领导的艺术，平衡的艺术。

马化腾在管理上从不强势，也从来不搞"一言堂"。决策时，大家坐在一起，开诚布公地谈，让不同的声音发出来，然后他施以引导，直到"很对，好，就这样"的声音出来为止。

马化腾的平衡管理在腾讯内部形成了较为民主的决策氛围，总办的会议亦是如此，大家可以各抒己见，将不同的声音都发出来，然后大家一起来做减法，去粗取精，以达成共识为前提。如果反对的人多，问题会被搁置；而如果大多数人都赞同，反对者仍然可以保留自己的意见。在这个过程中，马化腾没有一票否决权，也没有一票赞成权，他充当的，从来都是一个折中者和调停者的角色。

这样的管理思路，在腾讯20年的发展历程中被马化腾不断地放大，并且以腾讯特有的形式发扬光大。

对于人才的判断，马化腾保持了惯有的精准。2004年，腾讯正处于内生长阶段，在捕捉到市场上的热门以后，迅速跟进，利用自己的优势加以改良，打造出比原型产品更优质的产品。这一招总是很管用，毕竟腾讯有着庞大的用户基础。这时候，虽然腾讯在游戏、门户和互联网增值服务中都增长明显，但也有自己的隐忧，那就是虽然产品线在扩张，但用户规模、盈利能力的增长却呈放缓态势。要让腾讯保持持续高速的增长，腾讯就需要一个战略方面的专家。

马化腾将目光投向了刘炽平，邀请他出任腾讯的首席战略官，并让他全面负责腾讯的战略、投资和并购。自从刘炽平加入以后，腾讯从封闭走向了开放，开始四处并购和投资，将战略的大手延伸到了多个领域，并且积极布局海外市场，腾讯也迎来了一段让人难以置信的爆发期。

马化腾将平衡的艺术用在了管理的方方面面。腾讯的壮大，自然需要更多的高管。马化腾一直巧妙地协调着腾讯"老人"和空降高管之间的权力平衡。腾讯现在最核心的决策机构有12人，大致是"老人"和空降高管各占一半的局面，这种权力的平衡，正是马化腾一手缔造出来的。而马化腾在人事调整节奏上的把控，也让腾讯在引入高管和创业元老的退出方面没有发生过任何冲突事件。这在互联网企业里算是非常难得的。

不做"独裁者"

在高管的使用上,马化腾懂得大胆授权。要让千里马跑起来,就得充分信任千里马,马化腾极好地做到了这一点。

从某种程度上来说,马化腾有着极强的自知之明,从创业一开始他就知道自己不可能事事都懂,因此需要团队成员来弥补。也因此,他会把公司内各高管的权力、分工分配做得非常详细。腾讯的管理原则就是"谁擅长谁负责",只要你懂,马化腾就敢用,并且最大限度地让你发挥才华,这是马化腾一以贯之的特色。

当然,精明的马化腾不会把产品的把关权也放出去。从腾讯的发展历程中,我们可以看到它做了各种各样的产品,但腾讯的产品面市以后却很少有失败的,其中最主要的原因就在于马化腾一直主导着产品线。马化腾看到了硬币的另一面,产品是平台的形象,别的权力都可以下放,但产品线不能放。有关于平台形象的权力必须牢牢握在自己的手中。

马化腾很重视人才,他说过:"互联网公司最有价值的就是人才。"对于现在的腾讯而言,资金和业务已经不是最迫切的问题了,资金可以吸收,可以调整,业务可以拓展,可以更换,而人才却是最不可以替代的。腾讯需要的是高素质的人才,而且马化腾一直把人才看成最有价值的资源。

因此,马化腾一直很欢迎优秀的人才加盟,共同开创一番事业。为了解决人才匮乏的问题,腾讯近年来不断引入职业经理人,弥补腾讯的短板。同时,马化腾也一直在思考如何留住这些人才,努力使员工"工作并快乐着"。

为此，马化腾一直在致力于打造一种共同创造，一起分享的企业文化。马化腾在言语中几乎从来没有把自己当成过是腾讯的"掌门"或是"某总"，他总是把自己看成是腾讯中极其普通的一员。腾讯的基层员工和他，除了职位分工不同以外，其他没什么差别。腾讯的"小马哥"和员工之间的沟通是开放的，"小马哥"会给基层的员工写邮件、帮他们按电梯，基层的员工也可以给"小马哥"提出意见或是批评。

马化腾内心有种担忧，他怕自己变成"独裁者"，不仅是权力上的独裁，还包括利益上的独裁。创立之初，马化腾持有公司50％以上的股份，但随着公司业务的不断拓展，员工福利薪酬水涨船高，马化腾个人的持股比例却不断下降，到2017年10月，马化腾仅持股8.63％。

2016年，在腾讯18周年的庆典中，腾讯"总办"有过一场让员工们热血沸腾的直播。在这场直播中，马化腾宣布，为感谢员工们的付出，腾讯向每一名员工赠送300股腾讯股票，作为这次18周年庆的特别纪念。从当时的市值来看，腾讯这次大手笔派发给员工共计17亿港元股票。

在腾讯的高管中，马化腾虽然是腾讯的掌门人，但他的薪资其实是最低的。在香港年交所公布的2015年腾讯年报中，在所有腾讯高管中，除马化腾外，收入最低的是1.83亿港元，而马化腾的年薪却只有"可怜"的3282.8万港元。

为员工发大额红利，高管的年薪超过董事长，这在一般企业很难出现，但在腾讯却是常态。马化腾始终想把腾讯打造成一家受人尊敬的公司，马化腾对自己的轻、对别人的重，正是他实现这个目标的有效途径之一。而实际上，马化腾越是舍得，员工的凝聚力越强，腾讯也做得越大，马化腾反而越富有，这无形中也成了成就马化腾的一种财富密码。

不断打败昨天的自己

在腾讯，马化腾的危机感几乎萦绕于每一个人的心中。

2013年5月，马化腾在《新商务周刊》上发表了一篇文章，其中有一段写道：腾讯早年错失了电子商务和搜索业务，做得最早、最擅长的业务是即时通信和网络社区，在这个领域迈入移动互联网化阶段的时候，腾讯理所当然是最敏感的。但我们也感到了万幸，坦白说是惊出了一身冷汗——不管一个公司有多强，在移动互联网大潮面前，稍有疏忽就会翻船。

微信大获成功以后，马化腾也曾心有余悸地表示："微信这个产品出来，如果说不在腾讯，不是自己打自己的话，是在另外一个公司的话，我们根本就挡不住。"

即便是今天，腾讯已经达到了万亿级的规模，但马化腾也不止一次在公开场合强调过，他"内心非常不安"。

从马化腾的表现来看，他没有像一些企业家那样，在公司做大以后就产生了骄傲自满的情绪。相反，马化腾总是诚惶诚恐，并且身体力行地将这种危机感一层一层地往下传递。他要求腾讯所有的人，都要"吃着碗里的，想着锅里的，看着田里的"，不断打败昨天的自己。

现在功成名就的马化腾，依然少言寡语，其中，低调务实是一个原因，始终保持着对产品的执着和担心随时都可能被超越的惶恐心态又是另一个原因。因此，他在制定公司未来发展战略和管理制度时，也显得愈发清醒和警醒。

回过头去看,腾讯能够一直在激烈的行业竞争中保持领先,马化腾传递出来的居安思危理念居功至伟。在保持对未知"危机"的敏感中,腾讯公司涉足了网络游戏,涉足了支付相关及云服务等互联网支柱领域。

灰度管理学

在管理哲学上,马化腾认同任正非的灰度管理学。对于灰度,任正非说:"一个企业的清晰方向,是在混沌中产生的,是从灰色中脱颖而出的,方向是随时间和空间而变的,它常常又会变得不清晰。合理地掌握合适的灰度,是使各种影响发展的要素。"任正非提倡的灰度,是内部管理上的妥协和宽容,马化腾将其更进了一层,他认为管理者的灰度还在于时刻保持灵活性。

微信的成功就是一个显著的例子。当初在腾讯内部,其实有几个团队在一起研发基于手机的通信软件,每个团队各有自己的理念和实现方式。后来公司择优选取,微信果然在面市不久后就得到了广大用户的认可。马化腾没有把内部竞争看成是资源的浪费,毕竟没有竞争就意味着做不出好的产品。即使有些团队失败了,但是能够激发创新的灵感,也可以理解为"内部试错"。

马化腾要的,就是把"思考"的功能从总办下放到员工个体,允许组织内的创新,接受不确定和失败的可能,这就是管理的灰度。

除了华为,马化腾也学习惠普、微软,他学习力惊人,凡是好的都愿意拿过来加以改进,为自己所用。这些大公司的管理经验也确实给他带来了很多启发和帮助,有很多互联网企业发生的管理冲突,并没有在腾讯身上发生。

马化腾的管理风格是一体两面的,一方面是他骨子里的温和,谦逊,尊重人,能识人用人;另一方面是他在管理中习得的,即像水一样,被不同的管理风格塑造着。巧妙的是,马化腾又总能找到其中的契合点,为自己所用。

当然,马化腾这种温润如水的管理风格也会面临挑战。腾讯越来越大,诸侯割据的大企业病也会越来越严重,跨部门的合作变得愈发艰难。为此,马化腾把总办的战略研究部扩张到了几十人,他希望这样的智囊团能够理顺腾讯的内部格局。马化腾希望,即便是有了冲突,也应该放到桌面上来解决,而绝非暗中"较劲"。在桌面上,智囊机构能够从公司的整体利益出发,对冲突做出公平、公正的判断。马化腾认为,高管层尽早 PK 比更晚 PK 要好得多,如果不把问题消灭于萌芽状态,那么对公司来说,是一件很危险的事。

马化腾的眼界够宽,内心产生矛盾和纠结时,他的基准点会放在公司的决策对未来平台和用户的价值上去考虑。互联网本身就是一个不断变化的行业,这就倒逼互联网企业的高管必须先人一步发现变化、适应变化。也因此,马化腾总能适时地对腾讯做出调整,这种调整不仅是战略上的,也是管理中的用人、组织架构的变化上的。

马化腾把管理看作是为战略服务的,不管是部门调动,还是人员调动,都应该根据公司的战略做出适当的调整,这样才能让组织架构对战略产生巨大的推动作用。从这里,我们也可以看出其领导能力已基本成熟。

刘炽平:国际化视野管理者

在腾讯的高管架构中,如果说马化腾是把握未来方向的总设计师,那刘炽平就是腾讯的首席策略师和日常运营的主管。他在腾讯的地位仅次于马化腾,素来有"关键先生"的称号。

低调与高能

和马化腾一样,刘炽平的血液中流淌着低调、做实事的基因。

刘炽平出生于香港,先后获得了美国密歇根大学电子工程学士学位、斯坦福大学电子工程硕士学位。毕业后他进入麦肯锡公司,担任管理咨询工作;随后进入高盛亚洲投资银行部,担任执行董事及电信、媒体与科技行业组的首席运营官。

在与腾讯接触之前,刘炽平已经取得了颇为成功的业绩,比如带领高盛团队完成了粤海集团的债务重组。不过,出色的业绩并没有让刘炽平"名噪一时"。实际上,如果不是因为有业务要和刘炽平接触,大多数人都不会认识他,他似乎从一开始就在有意无意地躲避媒体的追踪。这与马化腾的性格有着某种程度上天然的相似性。

但是,低调包裹的躯体下,隐藏的能量却是巨大的。

在粤海集团重组的项目之后,刘炽平便有一种想法,希望自己的身份发生一种质的转变,从能给企业提供战略意见的第三方,变成企业战略的执行者。这个想法很快随着刘炽平和马化腾的交集,有了实现的机会。

2003 年,腾讯已经成立 5 年,在业务上有了长足的进步,腾讯的 QQ 已在中国互联网界小有名气,并且腾讯也在慢慢切入游戏领域,年营收达到 7.35 亿元。但是,受互联网泡沫余波的冲击,腾讯不少早期投资人对腾讯发展前景感到担忧,开始纷纷抛售手中的股票。在这样艰难的情况下,刘炽平领导的高盛团队承担起了腾讯的公开募股工作。

2004 年 6 月,腾讯融资 14 亿港元,在香港成功上市。在这一过程中,刘炽平的能力引起了马化腾的重视。事实上,马化腾当时也正在物色一位有国际经验的高管。腾讯发展的前 5 年,主要阵地是在国内的产品端。腾讯的创业团队基本上都有计算机背景,但缺少投资并购和国际化战略的专业经验,而腾讯要持续发展,就必定要寻找外援,马化腾把刘炽平看作一个绝佳的人选。

在马化腾向刘炽平连续两次抛出橄榄枝以后,刘炽平接受了。在刘炽平看来,虽然腾讯给出的薪资比他在高盛时少了一大截,但在腾讯,他在工程方面的才学更有用武之地,也能实现他一直渴求的做企业战略执行者的想法。

伟大的商业分析师

马化腾的识人之能再一次得到了验证。

刘炽平学于美国，成于硅谷，对国际上先进企业标准的管理理念有着深刻的认识。

加入腾讯以后，刘炽平引入这些先进企业标准的做法，例如设置营收目标、制订进入社交媒体和数字媒体等新业务的五年计划等。这些规则性的东西，正是腾讯所迫切需要的，刘炽平刚好弥补了腾讯创业团队管理"短视"的短板。

在整体布局上，刘炽平给腾讯制定了两个方向：一是在腾讯已经积累了一些经验的领域，自己操刀开展业务；二是在腾讯还不熟悉的领域，放弃封闭式的自主打法，采用开放式的平台战略。

在刘炽平之前，腾讯的打法大多有浓厚的"拿来主义"的味道。不少企业家都很担心，如果自己发明了一个看起来很不错的产品，腾讯很可能马上会进行抄袭创新，对自己进行反噬。腾讯也因此落得个"全民公敌"的称号。在西方，也有很多媒体并不看好腾讯，质疑其创新性和"拿来主义"的商业模式。

刘炽平和马化腾深刻地意识到，腾讯需要进行反思，需要在公众和媒体面前改变自己的形象。2011年，马化腾和刘炽平召开了一场特别会议，腾讯邀请了72位专家，连开了10场会议。在腾讯员工眼中，这一连串的会议被称为"神之会议"。会议上，腾讯热烈地欢迎各位专家对腾讯提出批评，腾讯无不虚心地接受。刘炽平认为，腾讯的确需要做出改变，不要总给人一种"凶残抄袭者"的定位。

　　腾讯很快就找到了答案。微信的横空出世,彻底扭转了腾讯的公众面貌。微信于 2011 年上线,一年之后用户规模就达到了 1 亿;此后几年,更是呈滚雪球的态势极速增长。借鉴 QQ 成长的经验,腾讯允许企业设立"官方账号"来传播信息,并与用户互动。如此,其网络效应也得到了进一步的发挥。

　　在拥有微信这一巨大引擎以后,刘炽平又分析了腾讯各个方面的具体战略,主要包括五个方面。

　　一是 O2O 战略。腾讯选择微信公共号作为节点,接入微信支付、广点通等,实现流量的变现。而在垂直领域,腾讯则以开放的态度,将自己不擅长的领域与别的商家以合作的形式展开。对于各地的大商场,腾讯则让自己的销售队伍直接与对方对接。

　　二是电商战略。腾讯积极和那些想在移动互联网上出售商品的零售商展开合作,通过公司的微信公众账号、微信支付和广点通广告网络为商户提供支持。目前,以微信为代表的全新移动购物模式完全可以与老牌移动购物应用相抗衡。这场革命式的购物变化,各商家和广大消费者已经看到了。

　　三是视频战略。这是一个竞争激烈的领域,腾讯将加大投入力度。2014 年,腾讯在内容获取方面的投入翻番。2017 年,腾讯购买的电视剧和自制的综艺节目已经吸引了广大的用户,也成就了腾讯视频广告收入的增长。

　　四是互联网金融战略。腾讯希望与优秀的金融企业建立合作关系,为用户提供更全面的服务。

　　五是海外战略,腾讯会积极地寻找海外合作伙伴,推出适应海外市场的产品。

刘炽平的这一战略部署最终在腾讯得到了很好的执行。我们也有幸看到了腾讯的高速发展。京东和腾讯的早期投资人张磊表示："这一切都要归功于刘炽平，他知道腾讯该打什么仗。"

开放的"投资并购部"

在互联网行业中，优秀的技术、充足的资金和巨大的规模都无法使企业高枕无忧。一旦诚信体系出现漏洞，对手就有了反击的机会。激烈的市场竞争逼迫企业必须进行一定程度的调整，以求更稳、更快发展。

在这种情势下，开放和分享便不仅仅是企业的意愿，更是企业创新能力的体现。

马化腾说："开放和分享不是一个宣传口号，是一种能力。"什么是腾讯的"开放能力"？答案是资本和流量。

其中，资本的主张就是刘炽平提出的。刘炽平希望，腾讯能通过资本的形式和其他企业形成结盟的关系，这样既可以实现开放的目的，同时也可以让腾讯庞大的流量资源获得一次资本意义上的释放。

以前，腾讯涉足的领域过多，虽然很多产品都取得了骄人的成绩，但在一些产品上也曾失败过，像腾讯搜搜、腾讯拍拍以及电子商务产品。于是，刘炽平挂帅，将这些产品转卖给别的企业，同时向这些企业注资，成为它们的股东，利用对方的优势来为自己谋取利润，做到扬长避短。2011年，腾讯将搜索业务转给搜狗，并且向搜狗投资4.48亿美元。2014年，腾讯同样将不太成功的电子商务卖给了京东，并向京东注资2.14亿美元。

同时，腾讯多方出击，到处收购意欲进入相关领域的公司。从2013年到

2017 年,腾讯已投资了滴滴、京东、58 同城、大众点评等百余家具有战略意义的互联网企业,占据了大量流量入口与应用场景,形成了以微信及微信支付为核心的生态闭环,成了移动互联网时代的最大赢家。

刘炽平的资本开放策略,目的是通过资本的方式参与,只求共生,不求拥有,为腾讯开辟一块新的战场。

这是一个最好的策略。当然,落实到执行上,组织架构的调整也必须进行相应的变化。刘炽平一手建立了腾讯"投资并购部",成员不多,只有 20 余人,但是效率却非常高。刘炽平极为看重下属的才能、工作热情和激情。在腾讯"投资并购部"的招聘广告中,我们可以看到刘炽平对人才的要求:"我们的投资团队来自谷歌、微软、贝塔斯曼投资、经纬创投、摩根士丹利,并都具有北大、清华或是海外名校背景。"

刘炽平要的是干将,而非福将。腾讯"投资并购部"的成员,几乎每天都在忙着看项目,每年至少要看 200 个项目,相当于每一天半就要看一个项目。如此高强度的工作,没有扎实的基本功,没有对工作的热情和激情是无法胜任的。

刚硬和怀柔

对于管理,刘炽平展现出了极为刚硬的一面,团队的成员必须保持高效率的工作作风来让他满意。

但是,刘炽平也有温柔的一面。刘炽平并不认同简单的 KPI 考评制。他认为 KPI 考核是一种粗浅的评价方式,过于生硬,也有着一定程度的不合理性。兵法上有云,"胜败乃兵家常事"。对于企业而言,一名员工这次没有完成 KPI，并不代表他下一次也完不成或者说下一次也无法取得成功。

因此，相对于传统的注重结果的管理形式，刘炽平更看重的是实施的过程。互联网本身就是一个飞速变化的行业，作为企业，需要在一定程度上容忍员工的错误。也因此，腾讯其实没有严苛的问责制，有不少员工即使犯了错误也不会走人，腾讯还会给他多一次或多几次的机会。

如果有的人能力惊人，却不具有团队精神，刘炽平也是坚决不会留用。刘炽平极为在意内耗，如有这样的员工，他会毫不犹豫地让其走人。职位越高，越是如此。

这就是刘炽平的管理核心和驭人之道。他将合作精神看得极为重要。从根本上说，公司就是一个团体，只有合作才能共赢。团体可以包容个人的错误，但是绝不能容忍害群之马。

能力过人的刘炽平，也凭此赢得了腾讯上下的敬佩。2006 年，刘炽平被马化腾任命为公司总裁，全面负责腾讯的日常运营。而刘炽平专业的管理能力也得到了腾讯创业团队的一致认可，虽然是一名空降的高管，但刘炽平和腾讯创业团队没有发生过任何权力摩擦。能让别人清楚看见自身能力的人，必然会换来与能力同等程度的尊重。实际上，马化腾在给自己选择未来的继任者时，选择的也是刘炽平，他认为，刘炽平的管理观和战略观，是与腾讯共同创业的其他人员所不具备的。

任宇昕:"职业"COO

作为中国互联网行业的巨头之一,腾讯不仅在社交领域做到了大多数互联网企业无法望其项背的高度,在游戏方面同样成了全球霸主。根据知名调查公司 Newzoo 发布的《2016 年全球游戏市场报告》,腾讯在游戏产业里以收入 102 亿美元成为全球游戏收入最高的公司。而说起腾讯游戏,就不能不提到一个人——任宇昕。

任宇昕是腾讯的游戏之王,同时也是一名高明的管理者。

从程序员到管理者

2001 年 1 月,任宇昕在接受马化腾的邀约,成为腾讯第一个社会招聘员工的时候,他只想当一名普通的程序员。然而,只过了三个月,他就在人才紧缺的腾讯成功晋升为网页组的小组长。

之后半年,任宇昕三次向领导提出,不愿意当小组长,只想去最有挑战性的 QQ 服务器小组做一个安静的程序员,在产品前线拼搏。如果那时腾讯满足了他的小愿望,那么今日就少了一位优秀的管理者。

2002 年,任宇昕成为增值开发部经理,管理 QQ 秀、QQ 会员等热门产品相关事宜。2004 年,任宇昕接受新挑战,成为腾讯互动娱乐事业群(IEG)的负责人,承担腾讯游戏业务的开发拓展任务。

此时,他开始逐步历练成为一位管理者,一步步完成了从程序员到领导者的转型。从产品定位、战略方向,到团队搭建、人员培养,再到日常沟通、规范制定……每一项都需要他决策和把控。压力最大的时候,他常以"一将无能、累死千军"激励自己奋勇向前,把责任往自己身上揽。

在他的带领下,互动娱乐事业群从无到有,从失败到成功,历经了多年的锤炼,终于迎来了光明。从 QQ 棋牌游戏的小试牛刀、《QQ 幻想》的再次受挫,到《穿越火线》《英雄联盟》的爆发,腾讯游戏实现了一次次飞跃。不管是在国内还是国外,都能看见腾讯游戏活跃的身影。

截至 2013 年第一季度,腾讯网游营收达到了 12.17 亿美元,遥遥领先于盛大、网易等公司。据称,游戏业务收入占腾讯收入的 50％以上,占中国整个游戏行业的 50％以上,净利润高达 50％。这样的光辉业绩,让腾讯游戏拥有了江湖地位,任宇昕也成了"游戏之王"。

任宇昕在一次采访中说:"你随时需要高敏锐度,但往往很多时候,热爱游戏的从业者大多把自己想做、喜欢做、擅长做的游戏放在最重要的位置上,反过来却忽略了市场变化、终端变迁、用户类型和偏好的变化。一些公司因此一蹶不振。"从简短的话语中能够看到,作为事业部管理者,他早已不再是以程序员的思维思考,而是站在战略层面,用前瞻性的眼光看待问题,并准确地预测趋势、提前布局,做出对的决策。

2012 年,任宇昕正式被任命为腾讯公司 COO(Chief Operating Officer,首席运营官),主管互动娱乐事群(IEG)部和社交网络事业群(SNG);2013年,兼任移动互联网事业群(MIG)总裁;2017 年 3 月,兼任网络媒体事业群(OMG)总裁。至此,在腾讯 7 个事业群中,已有四大事业群由任宇昕管理,他成了腾讯至关重要的领导人之一。

如此,通过一层层跨越升级,任宇昕从一位专业技术人才蜕变为一名管理者。其实很多人都和他有相似的经历:从技术员做起,经过漫长的磨炼最终成为领导者。而在这些人身上,始终有一种亲力亲为、坚持专业的精神。

比如,为了精准地评测游戏,任宇昕从专业角度出发,创建了评测组,并创建了数据测试模型,设定了画面、故事情节、用户操作适应性等关键要素。正是因为专业,他才知道组织结构要怎么搭建、需要建立什么部门,而什么部门没有用处。只有这样,才能让组织系统发挥出最大的效用。将专业能力与管理能力相结合,会让一个人的管理风格更稳定、可靠。

在一次讲话中,任宇昕也讲到:"在互娱(互动娱乐事业群),关注用户就必须和玩家保持沟通,了解他们的需求,而最终你会发现,一款令玩家真心热爱的产品,一定源于我们对细节的不断完善和更高的自我要求。把细节做到极致的态度,也是让你的游戏从产品变成精品的必经之路。"

充分尊重人才

任宇昕本身是从程序员的基础上一级级晋升上来的,他深知员工的辛酸苦楚。虽然任宇昕对下属要求严格，他自称："做我的下属的确很惨，因为我不喜欢静态不变的结果，而喜欢不断动态地去优化结果。此外，我还保持着程序员的习惯，总是期待找到最优解。"他喜欢对产品精雕细琢，并且严格要求自己的下属，从不例外。他希望每一个员工都要有精品的意识，把高品质的游戏带给用户。这是产品的生存法则，作为管理者必须要一丝不苟地践行。

但是，从另一面看，任宇昕对员工的"怀柔"甚至比刘炽平还要更甚。任宇昕崇尚自由，崇尚平等的上下级关系。这些是他当初加入腾讯的主要因素，现在他也反过来用到自己的下属身上。

在工作中，任宇昕从来不会表现出盛气凌人的样子，他似乎总是一团和气。即便出了问题，也很少见到他拍桌子骂人的情形。有的管理者可能会用简单粗暴的话来表达自己的观点，但是任宇昕总是表现出极大的耐心，给员工做出最详细的解释。虽然这样花费的时间更多，但任宇昕觉得值得。管理者要进退有度，要给下属担责和独立做决定的机会。

任宇昕不知道当初马化腾是如何认定他适合腾讯的，但他深知识人善用对于管理者的重要性。为了寻找到合适的人才，任宇昕招人从不死板，他会选择一个比较有情调的地方，和应聘者聊上十几个小时，他会像一只猎鹰般，敏锐地捕捉应聘者的各个细节，包括他对餐厅服务员的态度等。从交谈及观察到的细节中，任宇昕会判断他是否具有专业的知识，是否愿意承担责任，是否具备团队精神。

任宇昕最看重的是两种人，一类是出现问题从不推诿，有魄力主动承担责任的人，另一类则是观点独树一帜、从不盲从、有独立思考能力的人。有的时候，为了找到最合适的人选，任宇昕甚至不惜潜伏，与对方保持密切联系达数年之久。任宇昕对人才的充分尊重，对延揽适宜人才的重视，由此可见一斑。

最大限度激励和授权

任宇昕能识人，能用人，还有一点则更为重要，那就是他对员工的激励方面做到了无可挑剔。

2017年10月，网络上曾出现了一个段子，说的是任宇昕门下的"王者荣耀"团队，年终奖达到了100个月的工资。其后不久，还有一个自称腾讯员工的人在微博上"补刀"说："其实也不全是，比如我的，就是120个月的工资。"

段子的真伪性暂且不去讨论，但任宇昕在奖励的透明性上却是有目共睹的。和其他企业多数领导者对奖金激励遮遮掩掩不同，任宇昕从不忌讳将奖金公开化。每年，任宇昕的管理团队都会以视频访谈的形式和员工进行沟通，内容就包括员工个人的最大奖金数额以及奖金的计算方法等。

任宇昕以此最大限度地激励下属，他也将其看作自己最重要的工作之一。每年，任宇昕都会固定拿出不少时间，专门研究员工的薪酬福利。许多年前，任宇昕已经在要求人力资源部门根据不同部门的业务特点，拟定员工个人的激励方案，并每年都对此快速迭代，优化激励方案。

任宇昕从不墨守成规，他也喜欢最大限度地授权给员工。在互动娱乐事业群的内部架上，任宇昕实行的是项目制，由员工们组成独立的工作室。工作室管理者对结果全权负责，同时也拥有人力、财务等方面的最大权限。

有项目时，各个工作室之间可以展开竞争，谁做得好，谁就拿得多。这样做一方面保持了人才的内部竞争，另一方面也激发了员工的创造力和创新力;同时,透明的薪酬管理,也最大限度地起到了激励员工的效果。

有人曾这样评价任宇昕——他知道什么是重点,也不拘泥于老板说的对或者错,他独自思考,其思考的基点也不是建立在完全意义上的 MBA 或现代科学管理基础上,他有独到的方法论,而且效果还不错。

腾讯应对高管离任之道

我们这个时代,有一种对"离去"天然的恐惧。中国企业普遍担心的是,如果哪一天有高管突然离职,该怎么办？企业需要多长时间才能缓过劲来？不过幸运的是,腾讯似乎并没有受此困扰。

离任者们

腾讯有过不少高管离职的事,比如首席技术官（Chief Technology Officer, CTO）一职就经历了几任管理者。这一职位的第一任人选是张志东,他是腾讯创业"五虎将"（马化腾、张志东、陈一丹、许晨晔、曾李青）之一。网络上有个段子说"每一个成功的男人背后都有一群默默支持他的男人们",这句话颇为戏谑,但用来形容马化腾却一点也不为过。

从创业到行业领跑,张志东为腾讯立下过不可磨灭的功劳。如果说马化腾于腾讯的作用是描绘版图的统帅，那张志东就是负责技术实现的先锋。

张志东本身是一个技术天才，在创业之前，张志东在深圳的计算机界，就已经是翘楚。进入腾讯以后，张志东也是 QQ 架构的主要设计者。1998—2009 年，由张志东一手设计的 QQ，用户从百万级暴涨到亿级，这个架构竟能一直支撑，他也因此被誉为"互联网最牛架构师"。

除了在即时通信架构上做出了巨大的贡献之外，张志东在微信及腾讯其他产品领域也有过突出的贡献。

在腾讯，张志东全面负责专有技术的开发，包括基本即时通信平台和大型网上应用系统的开发。张志东很注重方法论，对待产品一直以来有两个理念，一是"三个柱子能顶起一颗球"，另外一个是"小步快跑，快速迭代"。张志东讲究产品的迭代要快，在 PC 端为主的时代，他就要求下属每一两个月就要更新一个版本，且每个新的版本里必须要有三个关键特性的革新（柱子），只有这样，产品（球）才能更好用，有更好的用户体验。也正因为此，腾讯的产品才能受到用户一致好评，积累出万千拥趸。

熊明华虽非腾讯创业"五虎"，但也在 2005 年时就加入了腾讯，担任联席首席技术官。在加入腾讯之前，熊明华有过在 IBM、微软工作的经历。在微软，熊明华是微软 MSN 中国研发中心的负责人，和当时腾讯的主业 QQ 是直接竞争对手，熊明华也堪称是腾讯的主要"敌人"。

刚从美国回到上海不久，熊明华就遭到了张志东的"游说"："你愿意加入腾讯吗？"熊明华当时并未在意，但每逢节假日他都能收到张志东的问候短信。MSN 战败后，熊明华随即加入腾讯，与张志东一起主持腾讯的技术部门，任联席 CTO 一职。

熊明华在腾讯待了 8 年，亲眼见证了腾讯从 2000 名员工发展到 35000 名员工的蜕变。在位时，腾讯的许多技术高层，包括张小龙、卢山等，都是直接向他汇报工作。熊明华对于腾讯的贡献，可以从两个方面来看：一是他在工程、技术、架构上的前瞻性，为腾讯孕育出了众多优秀的产品；二是他为腾讯引进和培养了一大批优秀的人才，对腾讯在并购和投资方面也提出了重要的建议。熊明华称，他刚到腾讯时，腾讯有着诸多问题，例如源代码都没有集中管理，而这些是熊明华所擅长的，他也的确为腾讯做了许多贡献。

为什么离开？

2014 年 3 月，张志东出人意料地宣布辞去腾讯公司执行董事和首席技术官的职务，转而担任起腾讯学院的荣誉院长，从性质上来说，属于"半退休"。

在提及自己的离职时，张志东曾表示，他 27 岁加入腾讯，43 岁引退，在腾讯从事了 16 年高强度的工作。互联网这个行业变化太快，需要从业者持续饱含激情，富有活力。作为管理者，他不能倚老卖老，因为身体的原因，他"不得不"做出这样的决定。

但私底下却有人说，张志东的离职是因为他感受到了腾讯空降大员更具有前瞻性的能力和更高明的管理，也有人说他看到腾讯现在的战略都是围绕微信在转，这样他主张的"基础即时通信平台"的受重视度下降，出于对自己"在其位不谋其政"的担忧，他适时地选择了"让贤"。

不管外界如何猜测，16 年的共事，马化腾和张志东之间有着太多的信任和坦诚。马化腾因为张志东的离任，还专门写了一封信，从中我们也可以看出张马二人的感情之深："我与 Tony（张志东）4 年大学同窗，16 年创业伙伴，我们一起度过了比家人还要长的时光，这样的经历，这样的感情，用什么语言去描述都难以尽述。"

其实，张志东早在 2012 年时就萌生了退意。但在马化腾的挽留下，他最终决定再留任两年。直到腾讯的管理层架构确保无虞，他才放心地进行了权力交棒。对于离任，张志东坦言，自己是怀着"感恩和愉快的心情"。

张志东辞去 CTO、腾讯执行董事后，腾讯成立了微信事业部，由张小龙负责，张小龙也升任为腾讯的高级副总裁。同时，张志东主管的大型网上应用系统的开发，也由卢山接棒。卢山于 2000 年加入腾讯，历任即时通信产品部总经理、平台研发系统副总裁等职，同样有着深厚的技术功底。

熊明华的离职时间早于张志东，其公开的离职原因也是身体状态欠佳。但曾有腾讯内部员工爆料，名噪一时的 3Q 大战是导致熊明华失势的主要原因。3Q 大战爆发于 2012 年，熊明华的离开是在 2013 年年底，其间有着一年的缓冲，这使得熊明华的离开也显得颇为"体面"，但也从另一个侧面反映了腾讯对高管的照顾之情。

对于熊明华的离开，腾讯一如既往地用邮件做出了说明。在这份说明中，"情深义重"依然是其中最重要的基调："腾讯总办尊重熊明华的个人意愿，接受他的辞职申请，支持他在工作生活方面的新规划。"

无论是谁要离开，腾讯都力求营造出一种皆大欢喜的局面。事实也确实如此，腾讯高管的离任，没有出现不和谐的声音，没有发生冲突，一切都显得那样有条不紊。在与不在，腾讯都给人以最大程度的尊重。

腾讯有老人离开，自然也有新人崛起。在腾讯新一届的领导班子中，刘炽平、任宇昕、张小龙、卢山，已经完全填补了腾讯那一拨老人留下的权力真空。由于在新的领导班子中,"华为系""香港帮"占据主流,这也一度引发了业界关于腾讯"老人""华为系""香港帮"派系争斗的言论,但随着他们表现出来的实干精神,这种声音不久后就销声匿迹。

从"双打"到"盘点培训"

不管是从张志东、熊明华,还是从腾讯其他管理人员的离开来看,腾讯高管的离任都不是突然发生的,新人的上位也在情理之中,甚至还能赢得卸任者的祝福。这简直是很多公司梦寐以求的境界。

实际上,腾讯从创业开始,就一直在摸索一种接班人的制度,坚持培养着领导梯队的补充力量。

腾讯"五虎将"马化腾、张志东、陈一丹、许晨晔、曾李青中,除了曾李青,另外四人都是高中同学或大学同学。马化腾在给他们划定职务时,从每个人的特点和长处出发,分别给大家安排了首席技术官(CTO)、首席行政官(CAO)、首席信息官(CIO)和首席运营官(COO)等职位。

为了让高管的离开不至于成为公司的负担,从 2005 年起,腾讯就实施了一个特别的人才培养计划——"辅导年计划"。

这个辅导年计划是由腾讯高管共同制订出来的。马化腾要求腾讯的管理干部都要利用公司制定出来的标准化工具和流程,为下属的发展提供教练支持。腾讯有一个高层领导管理论坛,并还做了相关的辅导课,在公司网络上开设了辅导专区,使马化腾和腾讯高管能够为各级管理者做辅导。马化腾说:"如果高管不做(辅导年计划),就无法要求下面的人做。如果经理不按照公司的要求做,我就会先换掉他。"他要求每位经理都要有培养自己接班人的意识，当然自己也不例外。

于是，腾讯有了一种"双打制"。从上到下，每个管理岗位都有两个人，双方互相协作，同时也降低了有人离开时无人填补空缺的风险。内部的人才不够，就从外部引进。马化腾和刘炽平的搭档，张志东和熊明华的搭档，就是这一典型的例证。

"双打制"历来很受腾讯的重视。腾讯实施这一管理制度，也达到了预期的效果，至少在为公司储备领导干部这一点上，是极为成功的。

2011 年，陈一丹有了离开腾讯的想法，并且给总办的人发去邮件表明了自己的看法。几个小时后，腾讯的主要高管就齐聚一堂，以马化腾为首的高管团队尽力挽留他。这一聊就聊到酒店打烊还没有结果，几个人不得不又转到附近的露天酒吧继续探讨，一直聊到次日凌晨。

腾讯高管间的交流都是开放和真诚的，在沟通中，高管们也达成了共识，明确了方向，重要的是，明确了陈一丹离开的具体时间。

为了让自己的离开不对腾讯造成实质性的影响，陈一丹在离任前又想办法将腾讯的"双打制"调整成了面向高级管理层和中级管理层的"盘点培养制"。毕竟，随着腾讯业务的逐渐壮大，原有的"双打制"已经不足以支撑公司的高速扩张。腾讯的产品线在不断加码，扩张的机构越来越多，原来的人才培养速度越来越跟不上节奏。

于是，在陈一丹的主导下，腾讯希望通过"盘点培养制"对管理层进行分层考核，通过规范、严格的机制，以求形成阶梯效应，将人才放在最合适的岗位上。以前，"双打制"可以保证在一个岗位上，一人离开以后，另一人将成为继任者。而"盘点培养制"则不然，它会为腾讯储备更多的管理层，一名管理者离任后，传统意义上的同岗人员如果能力不足，也可能不会成为继任者，合适的继任者改由腾讯通过"盘点培养制"来产生。

"活水"文化补充新鲜血液

2012 年 5 月，腾讯进行了一次最大规模的组织架构调整。经过这次调整，腾讯原来的业务系统制升级为事业群制。腾讯现有业务分别划分为企业发展事业群、互动娱乐事业群、移动互联网事业群、网络媒体事业群、社交网络事业群、技术工程事业群等几大块。各个群之间既互相独立，又互相支持，能够更有效和快速地对市场进行反应。

此外，随着组织架构的调整，腾讯的"活水文化"也被创造性地发明了出来。"活水文化"是腾讯内部竞争的产物。所谓"活水"，就是腾讯各个业务单元的人才可以互相流动，员工也可以申请内部应聘，且当前的上司不能阻止。"活水"一词来源于宋代文学家朱熹的诗"问渠那得清如许，为有源头活水来"，意思就是希望员工能在公司内部找到他们感兴趣的岗位和机会，充分发挥每一个人的才能。

经过 5 年的深耕，"活水计划"已经成了腾讯的一个重要文化符号。从 2013 年开始，它已经累计帮助 5400 多名员工找到了新的机会，而且也为腾讯发现了大量中高级管理人才，让腾讯在不同时期都能更好地发挥每一个人的专长，保持组织的活力。在张志东、熊明华以及腾讯老将刘成敏、执行副总裁李海翔离任后，旋即有新鲜血液补充进来，这就是一个明证。

历来世界上的优秀公司，都会把对高管的培养看成是重要的一项职责，并且予以认真对待。对于集团的潜在高管，最重要的一项工作经历就是曾经管理多个业务部门，而"活水文化"保证了这种经历的可持续性。这样的工作经历，能够帮助一名管理者实现从管理一项业务到管理多项业务的思维模式转型，在公司出现高管空缺时，能够立即进行补充和正常开展工作，省去了适应新岗位的时间，同时也保证了公司这艘巨轮的正常运转，不至于出现人才真空和运转迟滞。

第二章

拥抱变化：
腾讯的管理架构调整

在这个世界上,大多数公司在成长期时,在新的战略提出来以后,原来积淀下来的组织架构都会成为阻碍企业进步发展的毒瘤。因此,在这一时期,企业家的本能诉求便是寻求组织架构的调整,由乱到治。

　　组织架构从根本上来说,就是员工分工协作的体系,它为战略服务,应随着企业内外部环境的变化而变化。很难想象一个企业,在没有任何组织架构调整的情况下能够转型成功,或是顺利应对企业业务线和员工规模的急速膨胀。这就好像生物的进化论,如果外界发生了巨大的变化,但它还以原有的形态去生存,那么它一定会灭亡。

　　从某种程度上来说,腾讯的历史,也是一次组织架构调整的历史,既有石破天惊式的大变,又有小步快跑式的微调。但无论怎样,它都是腾讯应对新战略和内外部环境变化的适时之举,也是腾讯长期管理提升的组成部分,透露出其拥抱变化、拥抱未来的态度。

2002 年，从混乱到清晰

环境决定战略，战略决定组织。对于一个企业而言，当企业生存的内外环境发生变化时，企业就必须制定新的战略目标，同时组建新的组织架构，来对新的战略进行支撑。

在企业中，组织架构的作用是分工和协调，调整组织架构，为的是将企业新一阶段的战略和目标转化成一个新的体系或制度，融合到企业的日常生产和运营中，发挥指导和协调作用，以保证战略的顺利完成。也即是说，组织架构调整是战略完成的前提。战略要发生改变很简单，只需要企业高层做出规划就行了，但要让战略落地，那就必须拿出做"手术"的精神，打破原有的组织架构，重组起新的架构。

但不可否认的是，组织架构的调整又是最为艰难的。因为人们总是会对长时间所依赖的某一制度产生惯性，这就好比让一个喜欢吃辣的人不再碰辣椒，并不容易。

腾讯的"英雄时代"

通常，在企业的初创时期，也是企业的"英雄时代"。因为在这个时期，公司几乎一无所有，必须"英雄"们各显神通。正如 1998 年的腾讯，除了几名神通广大的创始人各管一摊外，根本没有其他的管理文化可言。

在企业的组织结构中，直线式组织结构通常被看作最简单又最直接的一种。而这时的腾讯就是采用了这种最简单直接的方式。马化腾下面就是张志东、陈一丹等人，隶属关系十分明确，权责清晰。

在那个时候，所有人都是凭着想做爆品、让企业活下去的理念拧在一起，有事大家一起决策，然后简单分工，分头行动，不需要动员，用不着严格的制度约束，但也极具灵活性，毕竟人员少，碰头、决策都特别快。

腾讯最早的三年规划，也仅仅是马化腾和张志东的"一时兴起"。他们办公地点当时在深圳华强北赛格科技园的一栋老楼里，面积有 100 多平方米。摆上办公桌椅后，马化腾和张志东初步估量了一下，觉得这间办公室可以容纳 18 个人。除了创业"五虎"，尚有 13 个人的空间。因此他们希望三年以后，公司的员工规模可以"快速"扩张到 18 个人，正好将这间办公室坐满，这样可以不浪费场地空间。

1999 年，腾讯开通 OICQ（后来的 QQ）服务，采取点对点的聊天方式，打破了用户只能通过网页版的同城聊天室进行沟通的限制。同时，它采取向用户免费开放的策略。这样的举措使 OICQ 这只小企鹅迅速地进入了各个行业的各家企业及千家万户，腾讯开始在业界变得小有名气。

2000 年的时候,任宇昕加入了腾讯。腾讯陆续有了外来员工的加盟。但和增加新人及用户规模呈滚雪球增长的态势形成巨大反差的却是,腾讯"五虎"始终没有为公司找到盈利点,他们极为迷惘。

那时的互联网界有一个特点,那就是互联网创业者一般在得到大笔风险投资以后,开始疯狂地跑马圈地,大把烧钱,但是始终看不到盈利点在哪里。不过,风投的耐力是有限的,持续找不到盈利点的企业也会被抛弃。腾讯也是一样,马化腾去找风投,根本说不出盈利点在何方,风投也就未加以理会。

好在腾讯的困局很快就得到了缓解。当时,中国移动推出了"移动梦网"服务,就是可以用手机收发短信,一条一毛钱。在智能手机还未出现的时代,这项业务大受欢迎。马化腾意识到了这一点,迅速带领腾讯投入到手机代收费业务中,只需 5 元包月费,用户即可在 QQ 上发短信到对方手机上,极大地延伸了手机用户和 QQ 用户的沟通空间,得到了广泛的欢迎。当然更重要的是,腾讯与中国移动二八分账的模式也让腾讯缓解了资金紧张的危机。

进化: 从直线式到职能式

随着"移动梦网"业务的展开以及 18 个办公桌早已坐满,腾讯"五虎"意识到应该对腾讯的组织架构进行改造了。毕竟人员的增加、业务线的扩充,使管理事务日趋复杂,腾讯必须做出应对,以更清晰的组织框架来支撑公司的业务运转,每个人的职位也需要更明确起来。

经过一段时间的深思熟虑,腾讯被划分成三大部门:市场部门(M 线,Marketing)、研发部门(R 线,Research)和职能部门。五位创始人的头衔也提升了一个档次,马化腾为首席执行官(CEO),曾李青为首席运营官(COO),

张志东为首席技术官(CTO),陈一丹为首席行政官(CAO),负责所有职能行政及政府、法律事务,许晨晔则为首席信息官(CIO),负责公关及新闻媒体事务并兼管门户网站,此外新增了财务部门,曾振国成为首席财务官(CFO)。这是腾讯高管成为 C 系管理者的开始。

在三大部门中,R 线和 M 线是主线。

R 线又进一步细分出三个部门,分别是:基础开发部,经理是吴宵光,主管 QQ 的开发运营、公共技术研发、IDC 系统维护;增值开发部,经理是任宇昕,主管 Web 社区和广告系统研发运营;移动开发部,经理是邓延,主管移动增值业务的研发运营。

M 线分出两个部门,分别是综合市场部,经理是邹小旻,主管全国销售队伍的建设和管理;移动通信部,经理是唐欣,主管腾讯与三大电信运营商的对接。

此外,腾讯的"总办"会议制度也在这时形成,平均两周召开一次会议,参加者包括 5 位创始人和各个业务部的经理、法务以及人力资源等职能部门的主管,总人数在 10～12 人。

这时的腾讯,已经从直线式组织架构进化为职能式组织架构,在管理者和执行者之间,产生了中间机构,各项机构依据专业分工,分别承担研究、设计、开发和市场工作。各部门经理有权向员工下达命令和指示,但也要听从上级主管和上级职能部门的指挥。

同时,腾讯的总办会议也形成了一种参谋制。总办成员相当于公司的参谋人员,他们可以为同级指挥人员出谋划策,在业务上起到一种指导、监督和服务的作用。职能式组织架构各部门间的横向联系较差,冲突和矛盾的发生在所难免,同时各职能部门不具有决策和指挥权,每项工作都要向上级主管部门请示,这压制了职能部门的积极性,而总办会议制度正好弥补了这种缺陷。

这样的组织架构,有着分职、专责,专业人员同属于一个部门,有利于知识和经验的交流。同时,该时期的腾讯的人员规模和业务线并不臃肿,这种组织架构对于市场的反应仍较快速和灵敏。

调整之后的组织架构,也确实为腾讯早期的扩张发挥了至关重要的作用,保证了腾讯在各个专业领域的深入发展和经验积累,组织运作效率也发挥到了最优,为腾讯业务的快速成长奠定了坚实的根基。

2005 年，从自我生长到战略布局

美国南加州大学管理学教授 L. E. 葛蕾纳在《组织成长中的演变与变革》一书中曾提出："组织在某一阶段的最佳管理实践将会带来另一阶段的管理危机。"组织是有生命的，是生命就有消亡，而消亡的前奏是衰老和疲劳。组织在早期也许生机勃勃，但随着企业形态发生变化，过去的经验就不可能应用在现在的挑战上，原有的组织也会变得辉煌不再、百病缠身，不重塑不足以向前。

职能式组织架构在腾讯早期曾发挥了不可估量的作用，但到了 2005 年左右，这一组织架构的弊端越来越明显。

组织的新危机

在 2004 年上市前，腾讯的业务部门已经扩充到了 30 多个，员工规模也激增到 2500 人，已经初具中型公司的雏形。当时，腾讯的人力资源管理部门就有一个担忧，那就是在未来，腾讯的员工规模还将进一步加大，公司业务线也将全面开花，如何对庞大的人员和业务线进行更好的管理，如何缩小运营成本的不断攀升，如何更好地实施"在线生活"的战略主张？这必定是几个无法回避的问题。

与此同时，腾讯前线的项目正在变得越来越多，总办不得不将项目分派到各个职能部门，而有限的职能部门显然无法应对，研发挤成一团，团队中的成员又普遍将项目视为额外的工作，没有原先那种激情。如此一来，项目的进度和质量都产生了较大的影响。

刘炽平曾经回忆说："我那时粗略计算了一下，全公司比较重要的产品线就超过了 60 个，每家都对技术有适时性的要求，递交到 R 线之后，几乎无法安排，这已经影响到了正常的运转。"

更糟糕的是，互联网的快速迭代，使不少的新项目需要各个职能部门相互协调。例如 QQ 秀，它需要直接面对用户，寻找到用户喜欢的款式，在此基础上进行研发，并且需要市场团队想办法提高此类虚拟商品的销售业绩。如果市场团队找到更好的点，反过来又需要研发团队迅速对产品进行改良。

也就是说，QQ 秀需要腾讯 R 线和 M 线两大业务主线密切配合，但职能式组织架构的最大缺点就是各个业务部门太过独立，互相之间配合度不高，原先那种总办会议制度也只能针对一些大的方向和决策问题，对于细微的变化根本不可能做出协调，而且总办成员也不可能老是将时间浪费在开会及协调上。

虽然后来腾讯的管理团队找到了办法，在 QQ 秀上打通了 R 线和 M 线的壁垒,实行了产品经理制。但腾讯的高管又看到了更多的业务机会,即将要展开的新闻门户、网游和搜索领域,也无一不是需要研发、内容和市场密切配合的,腾讯又该如何应对?

越来越多元化的腾讯也在冲击着马化腾的管理思路,毕竟他不可能亲自管理每一块业务,没有精力也不够专业。显然,腾讯必须操刀对组织架构进行重塑,新的组织架构不仅能够应对目前的困境,而且能够在未来很长一段时间适应这种业务和人员的快速增加以及新战略的需求。而这次的变革,也必定会比 2002 年那一次来得更为凶猛和剧烈。

深腾人字 38 号

2005 年 10 月 24 日,腾讯下发了最新的"深腾人字 38 号"文件,宣布组织重塑计划正式开启。在这次的组织架构调整中,腾讯整个业务框架被划分为 8 个序列,分别由 5 个业务部门和 3 个服务支持部门组成。

其中,5 个业务部门分别为:

B0:企业发展系统,由首席战略投资官刘炽平兼管,下辖国际业务部、电子商务部、战略发展部、投资并购部,主管战略、投资、并购和在线支付的财付通等相关业务。

B1:无线业务系统,由刘成敏负责,下辖无线产品部、移动通信部、电信事业部和各地办事机构,主管与电信运营商相关的各项业务,例如手机 QQ、手机 QQ 浏览器、QQ 通讯录、超级 QQ、手机腾讯网等。

B2:互联网业务系统,由吴宵光负责,下辖互联网研发部、社区产品部和新成立的数字音乐部,主管 QQ 相关的各项业务,例如 QQ 空间、QQ 音乐、朋友网等。

B3：互动娱乐业务系统，由任宇昕负责，下辖互娱研发部、互娱运营部、渠道营销部，主管网络游戏的各项业务，例如 QQ 游戏。

B4：网络媒体业务系统，由首席信息官许晨晔兼管，下辖网站部、广告销售部、搜索产品中心，主管门户网站的各项业务，例如腾讯网、腾讯视频、腾讯智慧，后来发展起来的腾讯微博业务也属于这个系统。

3 个服务支持部门则分别是：

O 线：运营支持系统，由李海翔负责，下辖运营支持部、系统架构部、安全中心、管理工程部、研发管理部和客服部，主管服务器、数据库及安全相关的各项业务，腾讯也将其看成是未来腾讯云数据处理平台的核心部门。

R 线：平台研发系统，由首席技术官张志东兼管，下辖即时通信产品部、深圳研发中心、广州研发中心，这个系统包括平台研发和搜索业务两条主线，前者负责 QQ、Q＋和 QQ 邮箱，后者负责腾讯搜搜。

S 线：职能系统，由首席行政官陈一丹兼管，下辖行政、人事、财务、法律、投资者关系、内审、公关及董事会办公室等，主管行政、财会、人力资源相关的各项业务。

在各系统的负责人中，刘成敏、吴宵光、任宇昕和李海翔等人被提拔为了行政副总裁（EVP），加上兼管的刘炽平、张志东等人，大家各管一个部门。马化腾将权力下放给了各个业务系统负责人之后，有了更多的时间专心进行产品规划以及腾讯长远规划等方面的工作。

从职能式到以产品为导向的业务系统式组织架构

这是一次全方位的"手术",甚至可以说是一场"地震式"的变革。组织架构重塑以后,有权力的人变得没有权力了,或者是以前权力大的人变得权力小了,不受制约的权力变得有约束了,从上面的组织结构图中,我们很清晰地看见其中没有了曾李青的影子,腾讯的其他几名创始人也和新晋高管"平分秋色"。事实上,在新晋高管越来越得到认可之时,企业必然要进行秩序重塑的阶段。此时,扳掉原先的"英雄"就成了必由之路。

腾讯需要变革,那就得让人服膺于变革,而非向人妥协。好在,马化腾有着高明的平衡术,腾讯的组织架构重塑并没有引起大"地震",新晋高管也以他们的能力和方法赢得了创始人的一致认可。大家把目标都放在将腾讯做大做强上,腾讯没有采取运动式的权谋手段,一切放在桌面上来解决,为的就是让大家打心底里服。

这是一次由职能式组织架构向以产品为导向的业务系统组织架构的转变,腾讯不仅有了横向的业务分工,也有了纵向的决策分工,并且站在战略的角度进行了布局。

从横向上看,各个业务系统各有分工,其中 B1 和 B2 是腾讯的主要收入部门,占当时业务收入的八成左右。B3 以网络游戏为主,虽然当时腾讯还没有真正找到游戏业务的爆发点,但腾讯高层一致认为游戏业务的前景非常可观,因此将其整体拔高,从后面的发展来看,这无疑是一个极为精明的决策。B4 的新闻门户也是一样,虽然其在当时不起眼,但它在腾讯战略上的重要性却极强,因此也将其独立成军。

此外，马化腾还将电子商务和搜索看成是未来的重要部门，但那时还不到独立成军的地步，他只是将这两个领域暂时放在了 B0 和 B4 业务部门之下，希望发展起来以后，再将其分离出来。

从纵向上看，腾讯新的组织架构分为三层，系统—部—组，三层之间有"线"和"中心"两层选设情况。各事业群的 EVP 被授予了更多的权利，他们就相当于是这个事业群的 CEO，不再需要总办插手具体事务，但是总办仍会关注流量的变化，并针对各事业群的流量基础来统筹配置。也就是说，腾讯的命脉仍然掌握在总办的手上。

腾讯形成了一种"大权分散，小权独揽"的组织形式。腾讯希望借此让组织结构尽量扁平化，保持自己一贯以来决策效率高、响应环境变化快的特点。

谈及这次组织架构调整后的管理理念，马化腾在一次腾讯内部高管会议上说："未来 5 年，腾讯最大的挑战就是执行力。市场怎么样，大家都看得见，但不一定都拿得住。通过完整的指标体系和组织结构保证压力的传导，通过严格的考核和末位淘汰制留住好的人才，而所有这些，能把腾讯打造成一个不依赖个人精英，而是依靠体制化动力的成熟体系。"

对于腾讯而言，这是一次有着标志性意义的组织架构调整，它意味着腾讯踏上了一条多元化的征途，在它所能想到的每一个细分领域都蓄势待发。

最终这次调整也成功帮助腾讯形成了一套非常坚固的产品体系，也在之后几年，让腾讯超预期地实现了自己的战略目标。原本，腾讯进行组织架构调整后，是希望在五年后营收达到 100 亿元，而实际上截至 2011 年，腾讯的营收已经达到 285 亿元，净利润达 100 亿元，融入全球 20 亿人的日常生活中。

2012 年，打破组织，布局六大业务

在 2005 年进行了组织结构调整以后，腾讯进入了狂飙突进的 7 年。到 2012 年，腾讯的内部员工猛增到了 2 万人，业务线多得连腾讯内部人员也数不过来。无疑，腾讯又进入了一个新的"坎儿"。

巨大的平台自然而然地让腾讯人产生了一种"大企业病"。2010 年时，腾讯公布的 QQ 注册用户就达到了 6 亿，同时在线人数超过 1 亿。巨大的用户基础，让腾讯每进入一个领域，都能迅速获得足够稳定数量的用户群。

腾讯游戏部的员工曾戏言："腾讯就像是一个商场，花了几年时间建起来，积累了足够的人气，然后往里面塞什么东西都好卖。"这种成功的体验不自觉地让一些人走向了硬币的另一面，那就是"大树底下好乘凉"，腾讯员工开始产生惰性，丧失了原来的创新性和积极性。

而 QQ 作为腾讯的支柱产品，各个业务单元为了自己的利益，相互间的

争夺战非常激烈。即时通信部几乎每天都要处理来自各个部门的请求,各个业务单元似乎有着数不完的需要协调的问题,所有的开会都变成了协调,而不是在谈业务,结果没人有精力去管用户体验,从根本上违背了腾讯"一切以用户价值为依归"的经营理念。

在中国互联网的历史上,2012年本身就似乎是一道分水岭,人们对于互联网的关注开始从 PC 端逐渐倾斜到了手机端。随之而来的是,腾讯传统的业务部门开始着急,生怕自己的业务被别的部门抢走,公司内部也明里暗里开始了各种 PK。

产品线过长、过宽则更让腾讯高层头疼,庞杂的业务不得不发布在四大业务单元。在公司里,一般员工根本不清楚公司有多少个项目组,各个项目组之间又如何区分,项目开发经常出现重复,而且,这种混乱的情形根本得不到有效的扼制。

种种因由都指向了同一个敌人,那就是腾讯自己。腾讯需要再一次革自己的"命"。

其实,这种管理的痛苦,腾讯高层早就感受到了,并且已经采取了一些行动。为了解决跨部门决策权冲突的矛盾,腾讯曾有一段组织高管去思科总部学习管理经验的经历,力求使腾讯的组织架构 SNS 化,建立跨部门的决策团队,下放决策权。后来腾讯虽然成立了一个组织委员会,专门负责对跨部门协调事宜进行统一处理,但并不能全面地解决问题。

腾讯显然还需要更根本性的改良。

六大业务齐发力

切早在 2010 年,马化腾就已经在酝酿组织架构的升级了,只是一来未思考完全,二来也没有找到合适的时机。2012 年 5 月 16 日,腾讯公布了 2012 年第二季度的财报,财报显示,虽然腾讯的营收仍然在增长,但增长幅度已经放缓,经营利润更是连续六个季度下滑。马化腾找到了机会。

两天以后,在刘炽平的协助下,马化腾酝酿了许久的"手术刀"终于落在了所有腾讯人身上。这一次,腾讯将现有业务重新划分成了 6 个事业群:企业发展事业群(Corporate Development Group,CDG)、互动娱乐事业群(Interactive Entertainment Group,IEG)、移动互联网事业群(Mobile Internet Group,MIG)、网络媒体事业群(Online Media Group,OMG)、社交网络事业群(Social Network Group,SNG)、技术工程事业群(Technology and Engineering Group,TEG)。其中,技术工程事业群是整合原有的研发和运营平台而来。在事业群之外,腾讯又新成立了一个腾讯电商控股公司(Electronic Commerce Center,ECC),专注于开拓电子商务方面的业务。

随着组织结构的变更,腾讯的管理层也有了部分调整。

原腾讯互动娱乐业务系统总裁任宇昕出任集团首席运营官,负责 SNG、IEG 的工作,兼任 IEG 总裁;原无线业务系统总裁刘成敏成为 MIG 总裁及集团高级执行副总裁;

原网络媒体业务系统总裁刘胜义出任 OMG 总裁及集团高级执行副总裁;原高级副总裁汤道生出任 SNG 总裁及集团高级执行副总裁;

原高级副总裁卢山出任 TEG 总裁及集团高级执行副总裁;

原互联网业务系统总裁吴宵光出任 ECC 首席执行官及集团高级执行副总裁。

从此次腾讯的组织架构调整中可以清晰地看出,腾讯从原来的只注重社交一个方向,转变为社交、游戏、网媒、电商、搜索并重。

社交上腾讯素有"强化大社交网络"的意图。此次腾讯将即时通信平台 QQ 和两大社区平台 QQ 空间、朋友网全部并入社交网络事业群,力求形成更有规模效应的社交网络平台。这里,Facebook 的发展给了腾讯很好的借鉴。在腾讯重塑组织架构之前,Facebook 即将上市,其成为那时美国 IPO 融资最多的公司,估值达到了 1000 亿美元。腾讯高层自然不会忽视社交网络这样巨大的潜力。而同样属于布局社交网络的公司,腾讯在中国已处于绝对领先的地位,腾讯高层不可能没有动作。

在游戏上,腾讯希望能够"拥抱全球的网游机遇"。在此之前,腾讯游戏已经取得了卓越的成效。从 2002 年腾讯进入游戏领域开始,10 年时间内,腾讯立足于游戏的本土化,着重打造游戏本身所带来的畅快感。其先后自主研发的《地下城与勇士》《穿越火线》等,成为网游界首屈一指的产品。到 2011 年,腾讯的游戏业务已在国内市场稳居第一,这时试水国际化正当其时。

在新媒体领域,腾讯的目的是"整合网络媒体平台"。在这次组织架构重塑之前,腾讯已经尝试整合传统门户、微博和视频等媒体形态,搭建了一个新媒体平台。而这次上升为事业群,则使其形成了更全面的布局。

无线领域曾是腾讯最早搭建的平台。而随着移动互联网的到来,腾讯必须采取更大的动作。之前,腾讯已经在安全、浏览器、应用分发市场、地图等产品上展开了布局,这一次组建移动互联网事业群,令其在无线领域的布局更加丰富和清晰。

在搜索领域,腾讯将搜索商业部门与无线平台进行了整合,将搜索技术部门与工程事业群进行了整合,力求让搜索更好地依托无线和技术平台的资源优势,发展新一代的搜索业务。

腾讯当时曾有心大力推进电子商务。腾讯电商控股公司的独立成军便是明证,腾讯希望它能够以更灵活的机制来应对来自于市场的竞争。

对于此次改革,马化腾有着自己的解读:"我们希望通过这次调整,更好地挖掘腾讯的潜力,拥抱互联网未来的机会,目标包括:强化大社交网络;拥抱全球网游机遇;发力移动互联网;整合网络媒体平台;聚力培育搜索业务;推动电商扬帆远航;加强创造新业务能力。同时,我们也聚合技术工程力量,发展核心技术以及运营云平台,更好地支撑未来业务的发展。"

推行开放战略,重拾"小公司"精神

这一次的组织架构调整,腾讯将原来所有的业务单元都打散了,具有潜力的业务单元被提拔,增长无力的业务单元被果断砍掉。各事业群的业务属性更加清晰,那种产生业务重叠的可能性被巧妙地去除了,事业群负责人不再需要到处奔波协调。

原来的职能系统被分散到了各个事业群之中,事业群负责人开始拥有所属事业群人事、财务、组织结构的自主权,事业群的闭环属性得以凸显,事业群内部可以更加专注和聚焦,也能更加深刻理解用户需求并对用户需求做出快速的响应。

此次组织架构的调整还强调开放,腾讯希望 6 个事业群也可以进一步打造出腾讯的开放平台。事实上，早在 2011 年时，腾讯就提出了"开放、共赢"的发展方向，腾讯意识到就算自己能力再强再大，在社会中也只是很小的部分，不可能做到在各个领域通吃，在自己能力不足或缺乏优势的领域，腾讯开始选择和合作伙伴一起开发。当 6 个事业群在各自的专业领域深耕时，同时可以扶持产业链上的合作伙伴，构建一个开放共赢的有机生态系统，充分发挥腾讯"一个平台"的整合优势，让越来越多的相关者，开始依附于腾讯。

正如马化腾所说："腾讯的立业之本是我们的 IM 平台。过去的组织结构，都是从这个平台上长出来的，都是从这棵榕树衍生出来的枝枝杈杈。可是，虽然枝杈变得越来越多并且落地生根，但它还只是一棵树。面向未来，我们必须要向互联网更高的境界迈进。我们需要去构建一个生态系统，与合作伙伴一起培育一片森林。"

事业群之下，则是很多个业务部门，IEG 中负责游戏的部门，则习惯于自称为工作室。进入业务部门或工作室，就形成了我们之前提到的小金字塔模式，顶层是部门总经理，中间是业务总监，位于最底层的是小组长和普通员工。

这些业务部门和工作室负责承担某些具体的业务工作。在开放战略的引导下，它们就像是一个个的小公司，在公司宏观战略的影响下自由开发产品，这正符合马化腾号召的"小公司"精神。马化腾认为，当公司上了规模以后，为了应对"大企业病"的负面影响，公司就需要由大变小，用组织架构的模式将公司塑造成一个个相对独立的单元，重拾"小公司"的特质，重新唤起组织的活力和员工的激情。

从"混乱"到"把控"

作为公司战略的承载,组织架构的调整并非易事。强如马化腾,也需要两年的等待。在这两年中,腾讯只是做了一些渐进式的改革,真正的风暴要等待最好的时机才能发生。

"大社交、小灵快、大平台、多线程"是这一次腾讯巨大组织架构调整的核心。腾讯高层要的就是把"失控"的腾讯从悬崖上拉回来。虽然组织架构的调整必然会引起部分员工的不适,但企业不可能为了照顾一些员工的情绪而不做改变,毕竟,后果是由组织负责,而不是由员工来承担。

从组织架构的管理学上来说,事业群式的组织架构,又称分权式的组织架构,它是公司上升到某一规模、活动内容日益复杂、产品日益多元化之后的必由之路。这种组织架构以产品、市场、顾客、地区为划分标准,将公司分割成几个相对独立的单元,即事业群。各事业群接受总办的指挥,但又拥有较大的自主权,从根本上解放了总办的管理强度,工作效率也得以显著提升。

以 QQ 为例。以前,QQ、QQ 空间和移动 QQ 分散在三个业务系统之中,而腾讯将这三个业务部门统一到 SNG 之中以后,也得到了更大的发展。2014 年 4 月 11 日,QQ 最高同时在线人数达到 2 亿,获得了吉尼斯颁布的"单一即时通信平台上最多人同时在线"荣誉证书。

面对创新能力匮乏的问题,马化腾迅速建立了内部竞争机制。尽管这个策略会导致一些资源流失,但效果也是很明显的,避免了团队产生惰性,刺激内部创新。比如,微信就是腾讯内部竞争的结果,而不是诞生在原来的 QQ

团队里。

2012 年,腾讯的市值是 400 亿美元左右,到了 2016 年已经达 2000 亿美元的规模,4 年涨了 5 倍,在新的组织架构的支撑下,腾讯真正做到了从"混乱"到"把控"。

2013—2014 年,加速管理迭代

在 2012 年腾讯对组织架构进行大规模的重塑之后,很快,腾讯再次看到了需要拿起"刀子"革自己"命"的地方。

需要改变的两个因素

需要改变的直接因素主要来自于两个方面:一是微信的崛起,二是腾讯大规模投资并购的展开。

微信的开发项目由张小龙带领的广州研发中心产品团队负责。这个团队曾有过辉煌的经历,Foxmail、QQ 邮箱等就是他们的杰作。

2010 年 10 月,互联网上一款免费聊天的应用 Kik 突然冒了出来,上线仅仅两个星期就拥有了百万用户。张小龙敏锐地意识到,移动互联网需要一个新的即时通信工具,他给马化腾发了一封邮件,建议向这个领域进军,马化腾

表示同意,并且将其取名为"微信"。

2011 年 1 月 21 日,微信正式面市,腾讯首先推出的是针对 iPhone 用户的 1.0 测试版,随后才进入到安卓系统。让腾讯所有人都意想不到的是,这一款由腾讯自主研发的产品,从一开始就展示出了比 QQ 还强大的生命力。到 2011 年年底,微信注册用户就已经超过了 5000 万。到 2012 年 3 月 29 日,微信注册用户已经超过 1 亿。

从某种意义上来说,微信的出现也有"拯救"腾讯的意味。之前,腾讯因为产品中包含有太多模仿的元素,一度引起业界公愤。2010 年 7 月,《计算机世界》刊登了一篇封面头条文章,详细叙述了联众、奇虎 360 等与腾讯之间的恩怨情仇,虽然腾讯后来发表声明谴责了《计算机世界》的言辞恶毒、插图恶劣,但这篇文章仍然给腾讯内部带来了极大的冲击。

意识到问题严重性的腾讯很痛苦,而正在这时,微信的面世给了业界最好的回应。微信是腾讯自己研发出来的重磅产品,原创力度很大,比国外的 Line,WhatsApp 等都要好用。

同时,腾讯也不再向每个领域伸手,也不再打压别人,而是通过投资、并购等方式与他人合作,用新的态度支持创新。腾讯已经意识到,自己最擅长的领域还是通信和社交平台,只有把握住这个优势并布局其他相关的行业,腾讯才能保持在互联网的领先优势。

也是在 2011 年,腾讯成立了腾讯基金,投资那些有发展前景的小公司,给它们相应的流量支持。短短两三年时间,腾讯基金的投资规模就超过了100 亿元,投资项目超过 200 个。腾讯的大规模投资、并购战略正式展开。

腾讯的这些巨大变化对应在组织架构上,也必须采取相应的对策,来为其提供相应的支撑。

2013 年 1 月，鉴于微信的快速崛起，预料到手机 QQ 有可能被微信取代，腾讯首先展开了对移动互联网事业群的调整。这一次，原来从属于移动 MIG 的手机 QQ、手机 QQ 空间、手机阅读、手机音乐等业务被剥离出来，移至社交网络事业群，手机游戏对外合作部门也调整至互动娱乐事业群，MIG 的核心业务则落在了安全、浏览器、应用分发市场、地图、搜索等产品上。虽然这个调整让 MIG 看起来变得单薄，但也使得它的业务更加集中。

不久，因为腾讯搜搜的举步维艰，腾讯转而注资搜狗，将原有的搜索业务并入了搜狗，而隶属于 MIG 的搜索业务也被裁撤，MIG 被迫进一步集中。在此期间，MIG 的负责人刘成敏离职，任宇昕转而兼任 MIG 总裁。

当年 9 月，鉴于分别承载 PC 端和移动端的桌面安全产品电脑管家和腾讯手机管家分别从属于社交网络事业群和移动互联网事业群，在资源的协调和体验上存在重合，腾讯将两款产品一同放在了 MIG。除此以外，MIG 又裁掉了无线媒体产品部和搜索广告平台部，新增了效果广告平台部、移动应用平台部和移动互联网市场部。

这一系列的动作，让 MIG 发生了天翻地覆的变化，但腾讯手机管家、手机 QQ 浏览器、应用宝三款核心产品却得以强力生长。仅仅两年以后，它们就同时超越了各自的竞争对手，在互联网细分领域里稳居第一。在裁撤的过程中，MIG 看似"元气大伤"，后来却成了腾讯最为声名显赫的部门之一。

移动事业群的调整，从一个侧面展现了腾讯自我革命的过程。现代化的管理制度，要的就是以客户需求为指导，在此基础上构筑流程框架，客户需求怎么变，流程框架就得随之改变，在此基础上，即使牺牲一小部分人的利益也必须勇敢地变革。在规模较大的公司里，小地震随时都有可能发生，也需要发生。

七大事业群共筑"企鹅"帝国

2013年，微信用户再次迎来了爆发式增长。截至2013年11月，微信注册用户量已经突破6亿，成为亚洲地区最大用户群体的移动IM软件。

在此基础上，腾讯也有意将微信独立出来，打造微信与QQ的双社交驱动，"两条腿走路更稳"。

2014年5月6日，腾讯的这一想法变成了现实。这一天，腾讯裁掉了受阿里巴巴、京东压制，举步维艰的电商控股公司，转而组建起了新的事业群——微信事业群（WXG），张小龙出任微信事业群总裁。

电商业务不是腾讯的强项，在开放战略的引导下，腾讯将电商业务并入京东，而ECC留下的O2O业务团队、微生活和微购物团队以及财付通的部分团队被并入微信部门。随着微信事业群的组建，腾讯实现了真正意义上的双社交平台架构。微信也从一个单纯的产品升级为了战略级的业务体系，并承担起了在移动互联网时代战略转型与业务持续增长的重任。

至此，腾讯正式组建起来仍比较稳定的7大事业群，每个都是一个独立的业务单元。

微信事业群涵盖微信基础平台、微信开放平台以及微信支付拓展、O2O等微信延伸业务，致力于让微信成为移动互联网时代人们的一种生活方式；

社交网络事业群围绕 QQ 和 QQ 空间展开,为用户提供优质的通信与社交网络等综合性服务;互动娱乐事业群涵盖腾讯游戏、腾讯文学、腾讯动漫等多个互动娱乐业务平台,立足于腾讯"泛娱乐"的战略,打造明星 IP,创造多形态的用户价值;移动互联网事业群聚焦于浏览器、安全、应用商店等,立足于互联网基础平台的开发,为移动互联网用户提供安全可靠的入口服务;网络媒体事业群以腾讯网、腾讯微博、腾讯视频三大平台为核心,形成满足用户需求的媒体矩阵;企业发展事业群负责腾讯各项新业务和国际业务的培育拓展,并为各大业务提供战略及专业支持;技术工程事业群则以其专业的技术平台,着力为腾讯的各项业务保驾护航。

如果将事业群下面的业务部门或工作室看成是一个个小公司,而事业群就俨然是很多公司组成的集团,而腾讯,则是一个名副其实的互联网商业帝国。

管理的"小步快跑"

在互联网思维中,有一种叫作迭代思维。

天下武功,唯快不破。传统企业推出一个产品差不多有两三年的上市周期,而互联网企业则会采用迭代方式,在与用户不断地碰撞中把握用户需求,不断完善产品。

过去,行业发展都是缓慢的,管理者能用制度来保证周期很长的项目顺利进行。但现在不一样了,如果互联网企业的管理者,还采用传统的管理思维来进行管理,那无论在速度上还是在内容上,必然都无法跟上"迭代思维"的节奏。因此,企业的管理必须变成一个随时可以调整的模式,有一种"小步快跑,快速迭代"的思想。

这也是马化腾一直强调的管理精神。马化腾曾用 7 个维度分享了自己的管理创新经验,这 7 个维度是需求度、速度、灵活度、冗余度、开放协作度、创新度、进化度。其中,速度、灵活度、冗余度、开放协作度、创新度、进化度都是促进管理趋近完美的维度和手段。

灵活度的关键是主动变化,相对于应变的能力,管理者的主动变化更加重要,如果管理者能够及早预见问题,主动改变,企业就不会在激烈的市场竞争中陷于被动。

冗余度是要容忍失败,没有完美的组织架构,在构建组织架构时要允许试错,不试错就不会成功。

开放协作度是要最大限度地扩展协作,要在聚焦于自己的核心价值的基础上,深化和扩大社会化的协作,因此腾讯在"互联网＋"时代做了"互联网一",主动放弃了一些自己不擅长的领域,转而和别的企业展开合作,腾讯为其提供流量基础。

进化度是要构建一种生物型的组织结构,把自己变成互联网大生态圈中一个具有多样性的生物群落,让组织拥有自进化、自组织的能力,而如果能构建一个生物型的组织架构,创新也就成了它的必然产物。

整体上,腾讯采用了保持控制力的树状组织结构,是一种直面用户、以人为核心的扁平化管理模式。腾讯高层在找到或预测到市场和环境的变化以后,可以快速响应,主动从组织架构上切入,设立或裁撤相应的部门,找好立足点,并凭此大力推进,再用后续不间断调整优化的方式让这样的设置最终趋近于理想的形式。

马化腾认为,网络经济无论对应于产品还是管理都遵循着回报递增的原理。只要整体方向正确,让组织架构的调整始终为目标服务,积极响应,快速修正,就能获得持续的进步。哪怕每天只进步一点点,最终也会爆发出巨大的力量。

拥抱组织变化

2014 年之后,随着"连接一切,改变未来"新战略的提出,腾讯的组织架构调整之路一直没有停止过。

同年 7 月,腾讯网络媒体事业群主动求变,旗下的微博事业部被撤除,腾讯微博团队与腾讯新闻团队进行整合,从中可以看出腾讯在移动端布局的"野心",在快速发展的互联网局势里,连"微博"都已被腾讯视为了传统媒体。

10 月,在网络媒体事业群之后,互动娱乐事业群也迈出了调整组织架构的路子。8 个游戏自研工作室被调整为 4 个工作室群,姚晓光等人分任各工作室群的总裁,其下又分出 20 个工作室。

IEG 的结构调整,明显是对互联网时代扁平化管理的顺势而为,4 个工作室群协调 20 个工作室,目的就是使 IEG 持续拥有小团队灵活作战的方式。从移动游戏的制作研发上来看,热门的精品游戏通常都是小团队研发出来的,小而精是其最主要的特点。

2017 年 3 月,腾讯高层也有了动作。集团高级执行副总裁刘胜义出任腾讯广告主席、集团市场与全球品牌主席,任宇昕则兼任网络媒体事业群总裁。这个调整也体现出了腾讯对市场变化的思考,近两年腾讯的广告业务异军突起,2017 年第二季度,腾讯网络广告业务方面的收入为 101.48 亿元,同比增长 55%,占腾讯公司总收入的 20%,这不能不引起腾讯高层的重视,而刘胜义在腾讯的广告业务上一直战绩不俗,腾讯也希望刘胜义能够协调公司各个平台的资源,打出一套组合重拳。

2017 年 6 月,腾讯 OMG 再次"震动",快报产品部更名为兴趣阅读产品部,内容分发和技术则分别成立了不同的部门——内容平台部和技术运营部等。OMG 的举动,意在建立统一的内容分发体系和广告平台。

多次的管理结构调整,从侧面体现了腾讯对互联网未来格局的思考,对外界和内部变化的积极响应。

2013 年 11 月,马化腾在与中国企业家俱乐部理事的对话中谈道:"在移动互联网时代,一个企业看似牢不可破,其实都生存在危机中,稍微把握不住这个趋势的话,就非常危险,之前积累的东西就可能灰飞烟灭。但反过来,如果把握住了这个趋势,那就可能变得势不可当。"

同年,马化腾在中国(深圳)IT 领袖峰会的讲话中,对这个思想做了两层解读:一是要尽早做决策,出现了新的商机,要果断地判断做或不做;二是出现问题时,要迅速做出决策,组织架构一定要灵活。时代的发展和移动互联网行业的变化逼着腾讯只有变化组织结构才能适应今后的发展,这是最重要的。

互联网行业瞬息万变，稍有懈怠就会错失机会，谁能把握行业趋势，满足用户的潜在需求，谁就能引领潮流，这是互联网企业不变的生存法则。在这种情况下，各个业务部门就必须与时俱进，如果囿于组织架构的限制，让企业跟不上用户需求的变化，那这个企业就是失败的。

腾讯微博从 2010 年开始运营，在 4 年的发展中，在外部远远落后于新浪微博，在内部也遭到微信等产品的强力竞争，战略失败已成必然。同时，社交媒体与新闻资讯出现了越来越明显的相互结合的信号，于是腾讯果断做出调整，令腾讯微博团队和新闻团队结合在一起，强化自己的整体社交资讯服务功能。

IEG 的变革则是顺应管理的潮流。在互联网的作用下，公司最高层和最基层获得信息的渠道基本是对称的，最基层的人获取的信息和最高层的人获取的一样多，甚至比最高层还要多，因为最基层能够直接面对用户。

在这种情况下，市场上出现什么风吹草动，如果按传统的架构和流程，等公司做出决策，已落于人后。也就是说，当信息能让领导们全部知悉，基层拥有了更多的信息权利时，就需要扁平化的组织结构。IEG 的工作室和工作室群制，既能直接面对顾客并向公司总体目标负责，又能以群体和协作的优势赢得市场主导地位。

其实，从另一个侧面也可以看出，由于发展太快，到了 2016 年，腾讯的各个事业群的规模都几乎相当于 2012 年时整个腾讯公司的体量。当事业群规模体量扩大以后，事业群自己也要谋求变化，不然"大公司病"也会发生在事业群身上，这时候，事业群也有必要重拾起"小公司"精神，由大变小，用组织架构的模式将事业群也塑造成一个个相对独立的单元，重新唤起组织的活力和员工的激情。

所以,事业群自己也在求变,既针对外部,也针对内部,OMG、IEG 都是如此。

同样,刘胜义出任腾讯广告主席也是顺势而为,广告业务的变化需要腾讯做出应对,而有着强大广告业务的刘胜义上任,也就在情理之中了。

马化腾说:"世界上唯一不变的东西就是一切都在时刻发生改变。"作为企业,就应该拥抱这种变化,不要惧怕改变。这也是腾讯高层在做出组织架构调整时说得最多的一番话。

每隔七年一次大调整

合适的组织架构,是保持公司高速成长的关键之一。

在所有人的眼中,腾讯组织架构的调整都是极为频繁的,腾讯的员工对此更是深有体会。一个新员工可能刚刚进入腾讯,所在部门就做出了调整;或者今年在这个事业群,明年却进入了另一个事业群。所有的调整都源于腾讯高层在战略的基础上,对市场、对用户的判断。

当然,腾讯的战略也有失误的时候。例如之前的腾讯搜搜、腾讯拍拍和电商业务,腾讯的优势不在此,再加上挤不过业已成型的外部产品,逐渐变成公司的"鸡肋"。好在腾讯及时调整了战略,学会了"互联网一",以开放的态度,将不擅长的领域以投资并购的形式转给合作伙伴来运作,而自己则致力于专注大社交领域的东西,领跑行业。

总的来看,腾讯目前的战略是基本合理的,腾讯的组织架构调整也颇为及时,几次拯救腾讯于危难之中。

现在,腾讯的组织架构又有了一种新型强矩阵模式的味道。

在这种组织架构之中,业务部门每研发一款大型产品,便会下设一些子产品,而这些子产品又会组建自己的团队,分别进行子产品各项功能的开发,而每一项功能,又设置一个项目经理来负责横向沟通,在各项目中进行协调,从而驱动整个子产品能平稳地向前推进。

也就是说,每一个子产品都形成了一个完整的闭环。这样,各个部门间又更加聚合,产品的生产效率也得以大大提高。尽管产品经理也会向产品总监汇报产品的情况,但在工作安排和计划方式上,这种模式显然更为灵活。

矩阵组织的结构是固定的,但功能团队是临时的,它能把组织中的横、纵向都联系起来,也能把不同部门的专业人员集合在一起,对于新产品的开发非常有利。

虽然现在腾讯打造了新型的强矩阵组织架构,但这种架构也不一定能适应未来互联网的变化。例如各个团队在有了独立的发展权限以后,又如何在细分领域进行协调?各业务相互交叉的问题如何解决?在存在业务交叉的情况下,各个事业群之间是否又会产生新的内耗?

在 2015 年第二届互联网大会上,马化腾曾说过这样一番话:"一个企业如果只靠创始人的精神在支撑,其实它的寿命和可持续性是值得怀疑的,所以腾讯也在思考一个机构、一个企业怎么样能从组织上的创新保持活力。在过去腾讯也曾走过弯路,包括不断调整组织架构,差不多每隔七年就会做大的调整,也是根据行业内部的管制以及创新的压力需求来发展的。"

腾讯组织架构调整的启示

我们从三个维度来综合看待腾讯历次的组织架构调整。

第一，不盲目调整。

纵观腾讯历次的组织架构调整，每一次都是与企业经营战略目标相匹配，随着组织内外环境的变化而发生变化的。虽然某一阶段的组织架构可以很好地适应当时的公司形势，但在未来的发展中，它却可能成为阻碍公司前进的桎梏。

因此在公司中，永远不会有一种永恒的组织架构形式，企业必须将组织架构的调整看作是提升管理水平的重要组成部分，并且要培养"自适应"能力，使组织能根据公司内外环境的变化而不断变化。

组织架构的调整是一个系统工程，在实施时，企业最好是先用研讨会的形式在公司高层达成一致的目标，让大家先有一个心理预期。时机的选择也很关键，当企业上下都认为现有的问题跟组织架构有着很大的关系时，才会愿意去进行一番改变。

第二，调整是渐进式的。

当然，调整从来就不是一蹴而就的事情，它必须有一个渐进式的过程。如果企业高层只是凭着自己的一腔热血来进行变革，那必然很难产生预期的效果。

腾讯的每一次变革，也都不是一步到位的，而是先酝酿，并在做出调整以后再不断优化，逐渐使变革接近预期。

企业永续发展的秘密就是创新和变化，但变化肯定会产生一些动荡。而拿捏变革的节奏和分寸，就是管理的一大难点。组织架构的调整必定需要先进行充分的评估，考虑可能失衡的情况，并制定出一定的策略，必要时还需要用"曲线救国"的方式，在持续的动态优化中缓冲变革的阻力，使调整达到预期。因此，组织架构的调整是不可能在短期内达到完美的。

第三，调整是要付出代价的。

每一次组织的调整，从另一个层面来说，就是"权力的再分配"。企业的业务模块发生变化以后，必然会伴随着人员的更迭，有人上位，也有人下台，有时做出牺牲的很可能是之前曾立下汗马功劳的老人。但是，变革不等于向功臣、向老臣妥协，变革是革命，就必然会有权力的剥夺和再分配。

腾讯多次的组织架构调整中也有许多高管流失，他们在给腾讯带来人才流失、元气损伤的同时，也在考验着马化腾的内心。

一个良性组织的首要因素即是，组织本身要有强大的自我修复能力，组织的良性细胞对过时的、衰朽的细胞要有剔除能力。也就是说，变革必然要付出代价，但又势在必行。管理者需要秉承一颗公正公平的心，唯有如此，变革付出的代价才会被新的成绩填补。

不良的组织架构就像鸟笼和池塘，处处是限制，良性的组织架构是有边界的牧场和有长堤的河道，虽有限制，但也包含着自由和创新的活力。

这是一个崇尚"天空法则"的时代，所有的人都生活在同一片天空下，但生存的维度并不完全重合。决定企业能否成功、能取得多大成功的是自己发现需求、主动变革、投资未来的能力。在这里，用户需求将是决定战略、决定组织架构的主导。企业要做的就是以客户需求为导向，向自己的痼疾动刀，构筑流程框架，实现高效的流程化运作，确保产品的优质交付。

第三章

内部人才管理：
民主多元，听见不同的声音

任何一家企业都有两个关键的资源:资金和人才。而马化腾则将人才看作比资金更重要的资源。因为资金可以吸收,可以调整,而人才却是不可替代的。除了众所周知的腾讯 CEO 身份之外,马化腾还是腾讯人力资源管理执行委员会的负责人,其对人才管理的重视由此可见一斑。

在接受《管理视野》主编陈晓萍采访时,马化腾谈道,腾讯没有"一言堂"现象,"民主一点,多元化一点,让不同的声音出来,我觉得这是好事情。现在来看,这种风格让我们后来避免了孤家寡人的情况,也让很多中途加入的人才,能够带着创始人的心态在公司里成长起来"。

腾讯强调以健康简单的人际关系、严肃又活泼的工作气氛、畅快透明的沟通方式,促进员工满意度的不断提高,更强调以良好的工作条件、精品培训计划、职业生涯通道设计促进员工个人的职业发展。在此基础上发展起来的腾讯招聘机制、人才评估制度、腾讯大学、飞龙计划,又诠释着互联网企业应有的人才管理之道。

从 1 到 n

2017 年 6 月 20 日,腾讯市值上升到约 3389 亿美元,超越了阿里巴巴,成为亚洲市值最高的上市公司。

自 2004 年上市以来,腾讯总收入、毛利和年度盈利这三项主要经营指标每年都保持两位数增加。在全球上市公司里,腾讯的长期财务表现仅次于亚马逊。

作为一家成立 20 年的互联网企业,伴随着业务的蓬勃发展,员工人数也实现了快速增长。腾讯 2017 年第二季度财报显示,目前腾讯有 40678 名员工,其中 30％以上拥有硕士及以上学位,60％是技术人员,平均年龄约 29 岁,男女比例大约为 3：1。

1998 年 11 月 11 日,马化腾和同学张志东在深圳正式注册成立"深圳市腾讯计算机系统有限公司"之后,许晨晔、陈一丹、曾李青相继加入,这就是腾讯的创业五人小组。当初的五个人可能无论如何也想不到有一天腾讯会发展到如此大的规模,收获巨大的成功。

　　要知道腾讯在成立之初,由于员工较少,公司都没有设立独立的人力资源管理部门。发展到 2009 年,腾讯员工也仅有 6000 余人,而那个时候的人力资源管理也依然相当单一,缺乏体系。

　　而从 2009 年到现在,腾讯员工经历了爆炸式的增长。这个时期,公司业务和员工对人力资源管理的需求日益多元化。公司期望人力资源管理工作能够融合公司战略、推动组织变革、提供专业快捷的人力资源服务、灵活高效地支持一线业务单元人力资源工作。人力资源管理角色更加多元化,战略性角色特征十分明显。

人力资源架构

腾讯近几年的发展可用"超速"来形容,在这样快速的组织与人员规模扩张下,腾讯的人力资源(Human Resources,HR)开始思考:一个怎样的 HR 体系能够支持腾讯的发展,做到既符合大公司特点,又能够灵活应对不同事业群(Business Group)的需求;不仅能快速响应业务,还能快速制定方案,深入挖掘出 HR 的附加价值。由此,腾讯 HR 的变革拉开了帷幕。

腾讯人力资源体系的成功建立,当然也不是一朝一夕的,它经历了一次又一次的变革。

第一阶段:初建期(1998—2003 年)。1998 年,腾讯刚刚起步,员工很少,没有设置独立的人力资源管理部门。后来,随着企业的发展,人事管理部门逐渐形成了以智能为导向的组织结构,这个时候客户价值导向的理念与思想开始萌芽。

第二阶段：人力资源部门发展转型（2003—2009 年）。2003 年，公司人数开始大规模增长，腾讯在这个时候成立了人力资源部门。这个时候的腾讯还面临着企业文化稀释、人才培养和储备都跟不上企业发展需要的问题。为了从根本上解决这一问题，腾讯成立了企业文化管理委员会，建立了腾讯学院，着力弘扬企业价值观。

第三阶段：人力资源管理新型组织结构——HR 三支柱建立（2009 年至今）。随着互联网的发展，一个全新的"i 时代"到来，它带来了人与组织管理的新趋势。

在"i 时代"，对于人的管理，管的是人性，理的是人心，更加强调对于人性的关怀和尊重，帮助员工形成自我管理、自我驱动和自我价值的实现。

腾讯为了实现自组织管理模式进行了不断探索，于 2010 年 3 月正式提出建立专家中心（Center of Excellence, COE）、人力资源业务合作伙伴（Human Resourse Business Pantner，HRBP）共享服务中心和（Shared Deliver Center, SDC）的 HR 三支柱组织架构的概念，逐渐形成了以客户价值为导向的人力资源管理组织结构。

腾讯对 HR 价值进行重新定位，确保人力资源管理部门在配合推进公司的各项战略和落地过程中成为合作伙伴。经过重新定位，人力资源管理部门促使 HR 支柱发挥前瞻性的牵引作用。

COE：COE 是腾讯人力资源系统中的专家支持部分，其主要作用是根据公司的战略导向，制定与人力资源相关的政策和制度，同时还负责方法论、工具的研发和指导，这部分内容包括招聘管理、绩效管理、薪酬福利管理、组织发展管理、员工关系管理、企业文化等。

HRBP：腾讯共有七大事业群和一个职能系统，在事业群或者职能系统都设置了HR中心，这就构成了HRBP。HRBP的职责是诊断并满足各个业务部门在发展过程中出现的个性化问题，成为部门的HR顾问，给它们提供灵活并有针对性的"一站式"HR解决方案。

SDC：SDC作为一种全新的业务模式，发挥的是体系支撑作用，成为HR产品、服务、系统高效方面支付的专家。腾讯的SDC包括了HR信息建设中心、HR系统开发中心、运营服务中心还有四个区域的人力资源中心（广州、北京、成都、上海）。为了充分发挥SDC的支撑作用，需要HR提供面向员工和业务的HR专业交付服务，并且搭建HR业务运营体系和具有管控功能的统一平台。

在腾讯，人力资源平台部的建立改变了以往分布不均匀、业务部门对人力资源管理的需求交付速度慢、各地系统重叠且不统一的状况，以更集中化的操作来达到规模效应，达到整合资源、降低成本、扎实服务、提高效率的目的。

三个板块有效地分工与协助，确保了人力资源管理工作的顺利开展，不仅体现了客户价值导向，有效地支持了内部客户对人力资源管理的需求，而且也提升了人力资源管理的价值，从而保证了这样一支庞大的队伍有序高效地运转。

没有战略的企业，就像一艘没有舵的船，只会在原地打转。战略就是企业前进的罗盘，是企业健康发展的保证，决定着企业发展的方向。腾讯公司之所以能够成长为今天的巨人，与其战略进步不无关系。腾讯一路走来，依靠战略的科学性，实现了从跟在用户后面到引领用户、从模仿改良到创新超越的升华。

如今的腾讯就像是一个商场，花了几年时间建立起来，积累了足够的人气，然后往里面放什么东西都好卖。在巨大的平台黏性下，我们也应该看到硬币的另一面，那就是腾讯的管理者和员工可能会不自觉地产生"大树底下好乘凉"的惰性。

中小企业在市场竞争中往往是最具活力的经济组织，而很多大公司依仗自己"财大气粗"，往往会在战略上轻视对手。马化腾认为当公司扩张到一定程度时，就需要由"大"变"小"，重塑小公司的特质，激发激情和快速响应能力。马化腾希望腾讯回到敏锐和创新的小公司状态，并深入推进开放战略。

腾讯高级副总裁张志东说，腾讯原有的组织形态设计的是一个大农庄，每块田由我们的同事去辛勤开垦，要去适应这样的整个组织文化和组织体系是极其不容易的，这需要很用功，并且不可避免地出现一些不顺畅和磕磕碰碰的情况，也难免会有一些反复。

随着腾讯员工规模超过 2 万，垂直的组织层级越来越多，横向的跨部门合作也越来越多，在很多情况下，会出现沟通问题，公司也会产生一个来自内部的敌人——"两万人管理魔咒"。一旦企业员工超过 2 万人，管理成本将大幅提升，并且效率也得不到保障。

其实我们纠结的不应是 2 万人这个数字临界点，而是必须清晰地认识到所有的大企业都会遇到这样的一个规模上的管理通病。谷歌就曾在工作人员突破 2 万的时候，开始遭遇人均效益下降的情况，谷歌创始人之一、CEO 拉里·佩奇（Larry Page）亲自出马，大幅压缩了公司的产品战线，在组织重组后，公司才重新步入上升轨道。

对于像腾讯这样的互联网企业而言，行业环境瞬息万变，业务部门尚且无法准确预知一两年后的变化，管理和服务部门更是难以靠"清晰、规范化的流程"来固化管理。这时候，各个部门需要更紧密地合作，共同面向业务，拥有"系统性随机应变的能力"，让这支从点滴发展壮大起来的队伍，既能够保持足够的市场活力，又能够合理有效地利用自身的优势资源。

人才从招聘开始

2万名员工对于互联网公司或许真的是一个带有符号意义的门槛。在跨越这道门槛之前，即便是再天才的创始人、再优秀的团队，都难免要徘徊、盘整，经受挑战。对需要时刻创新的信息技术产业与互联网公司来说，2万名员工的公司规模是道门槛，是个诅咒。

2万名员工规模对于传统制造业甚至信息技术外包公司都比较普遍。比如富士康，内地员工超百万人，虽说也面临员工庞大规模带来的管理难题，但无论如何不会在2万人时就遭遇卡壳。然而这样的规模对于有多条产品线、创新竞争激烈的互联网公司来说却不一样，员工规模一旦超过2万人，就得引起高度重视了。在这道门槛前后，有觉悟的公司高层领导人都会采取一系列的举措对公司的管理架构、文化、员工心态进行大力度调整。

2012年5月18日，腾讯CEO马化腾将一封《拥抱改革、迎接未来》的邮件发给了全体员工，宣布对公司的组织架构进行调整。这距离上一次调整已经过去了 7 年，马化腾希望通过这场组织变革，更好地挖掘腾讯的潜力，拥抱互联网未来的机会。

马化腾在邮件中写道：在 2005 年进行组织架构调整的时候，全公司只有 2000 多人，经过 7 年的发展，腾讯的人员规模已是当年的 7 倍，很多业务单元的规模都已经大于 2005 年整个公司的规模，预计后续还有更多的同事加入。当规模变大以后，很容易滋生出一些大企业病。如何克服大企业病，打造一个世界级的互联网企业？

腾讯高级副总裁、负责人奚丹说，"人不是雇员，也不是生产力，而是腾讯最有价值的资源，是腾讯的第一财富"。任何组织变革的基础都在于"人"。腾讯在业务上的彪悍发力，背后是大量高素质员工和强大的人力资源培育体系的支撑。

2011 年之前，腾讯的管理理念有四条：关心员工成长、强化执行能力、追求高效和谐、平衡激励约束。现在的腾讯把管理聚焦于人，新的管理理念只有一条，那就是关心员工成长，给他们无微不至的"关怀"。

"人"一直是腾讯的重要命题，其不仅在产品方面有"一切以用户价值为依归"的理念，在招人、用人方面也体现出以人为本的价值观。

腾讯 HR 核心政策是以人为本，这是人力资源所有工作的基础。马化腾说过，对于腾讯而言，业务和资金都不是最重要的，业务可以拓展和更换，资金可以吸引和调配，唯有人才是无法轻易替代的，人才是腾讯最宝贵的财富。"具体而言，普通员工是 HR 的大客户，HR 既是员工的服务者又是专业支持者，帮助他们不断成长进步。"

陈菲说:"干部和老板也是 HR 的客户,HR 的作用是帮助各级领导打造优秀文化、建立高效组织和形成顺畅流程,同时 HR 充分理解业务,根据业务发展情况提供针对性的人力资源综合解决方案。"

与传统企业相比,腾讯的业务特点有所不同。传统企业的产出比较有形,更容易衡量结果,对应的 HR 管理,采取的是科层式模式。而腾讯的产出相对无形,产品需要在使用过程中不断去体验,衡量的是有效性,体现的是一种用户体验。在这一过程中,人的作用最重要,这也是许多互联网公司的特点。

因此,腾讯的 HR 政策与公司业务紧密结合,去中心化、扁平化管理、层层迭代,保证每位员工都得到充分的尊重和授权,保障信息流通透明和畅通。在此基础之上,腾讯无论是在选拔人、培养人还是使用人、激励人等方面都有独特的做法。

人才招募时,腾讯面试流程非常严谨和专业。这与谷歌、亚马逊等公司的招聘有异曲同工之处,员工入职时,不仅直接领导、工作伙伴甚至跨事业群合作的人员都会参与到面试过程中,大家相互评价,双向选择,目的是全面了解应聘者的知识结构、工作背景、思考能力、综合素质、文化适应度和潜力,找到最合适的人选。

直到现在,公司所有中级干部及以上员工的面试,集团总裁刘炽平和高级人力资源副总裁奚丹都要亲自面试,这体现出对人才的尊重。腾讯的面试不是为了面试而面试,而是相互学习的过程,腾讯也从业界优秀人才身上听取对腾讯有启发的意见。

在毕业生招聘方面,腾讯的做法与众不同,目的是找到有思想、爱学习的实力派。2014 年公司推出招聘产品培训生项目。陈菲说:"腾讯是以产品为主的公司,特别看重员工的产品思维能力、创新能力、策划能力、运营能力和客户意识等,所以我们在毕业生招聘这个阶段就注意选出一些有潜力做产品经理的人才,加以双导师计划和轮岗培训,让这些人尽快成长。"选聘技术大咖也是腾讯在毕业生招聘时的一个特色。在全球范围内,腾讯针对硕士、博士、博士后,选拔具有技术特长的人才。

在校园招聘时,腾讯会首先明确地告诉候选者,要招的是"有梦想的实力派"。也就是说,只要你的实力够强,在腾讯就没有不可能。校招宣传的内容也是讲腾讯集团的业务发展,各事业群在行业的龙头地位等,主张用事业吸引人才。

企业文化与员工关系部副总监张铁军认为,企业首先要让员工意识到自己的职责、责任,认识到企业不是享受安逸、消磨意志的地方,不是让员工找个安乐窝舒服度日的地方,而是一个由职业化员工构成的大家庭,这样的家庭是能让人成长的。

管好程序员

马化腾说："我是腾讯最大的产品经理，任何一个产品我都会去看。要不然怎么能知道一个产品或者服务到底好用不好用，怎么知道问题出在哪里。"

在中国市场上有很多款即时通信产品，你不可能每个都用过，而马化腾差不多全都试用过，它们哪些地方做得好，哪些地方有问题，他都一清二楚。

在创业早期，马化腾的名片上只是简单地印上了"工程师"的称号。他称自己实际上是个产品工程师。从始至终，马化腾依旧保持着"产品经理"的心态，而且更加专注于技术和细节。

对工作严肃认真的马化腾，更愿意谈论自己每天使用的互联网产品，他爱给自己的产品挑错，一看到成品就知道写代码的人有没有偷懒。

2008 年春节前的某天凌晨 4 点，腾讯即将发布新的 QQ 版本，负责的技术主管还在加班。此时，他收到了他的老板、腾讯董事局主席马化腾的一大堆问题，从产品界面、用户体验至一些技术细节。马化腾问这位技术主管：有没有进行用户调查，了解新版即时通信的这些问题是不是真的需要改进？

一周后，这位技术主管坐到了马化腾的面前，他告诉马化腾，部分问题可修改，部分问题则不需要修改。因为通过调查，产品原来的设计正是用户需要的。"这件事对我影响还蛮大的，你可以想象，凌晨，蓬头垢面的大老板，布满血丝的眼睛，敲几段意见给员工，那种洋溢的热情真的挺让人感动。"这位主管说。

因为对产品充满了敬畏，所以马化腾才如此认真。当年 QQ 邮箱脱胎换骨，超越微软，马化腾功不可没。腾讯找出了 400 多个问题进行优化，其中 300 多个问题是马化腾自己发现和提出的。虽然 360 和腾讯打得不可开交，但周鸿祎多次赞扬腾讯的微创新，他内心应该是赞同和尊重马化腾做产品的"拼命三郎"精神的。

行业内公认马化腾是最好的产品经理，不是没有道理的。互联网公司的管理者与其他行业是不一样的，必须亲身站在最前线，体验用户的心理和真正需求，一切围绕产品，将产品的服务做到极致，所有管理和工作都要围绕产品和用户体验展开，不能为了管理人或 KPI 而管理。

这提醒了很多刚进入互联网行业的公司管理者们，互联网是时刻在变化的，在管理中与其他传统行业有着巨大的区别，不能当甩手掌柜，也不能只关注公司内部的部门和员工，否则，最终的结果就是被抛弃、被淘汰。

产品经理虽然不是老板，却是企业守门员、品牌塑造者，更是营销骨干。一个好的产品经理不但能引导产品的发展，而且能引导公司的发展。因此，产品经理也是一项有成就感的事业，是公司的"无冕之王"，互联网行业内真正成功的产品经理往往能成就一个企业。

核心能力要做到极致,要多想如何通过技术实现差异化,让人家做不到,或通过一年半载才能追上。很多产品经理对核心能力的关注不够,不是说完全没有关注,而是不够到位。马化腾特别强调产品的核心能力。在他看来,任何产品的核心功能,其宗旨就是能解决用户某一方面的需求,如节省时间、提升效率等。而腾讯要做的就是将这种核心能力发挥到极致,通过技术来实现差异化。

这个想法落在产品设计上,就是希望将产品在某一方面的功能做到极致,在产品的硬性指标上给用户更多的惊喜,便于和市场上的其他产品进行区分。马化腾认为,腾讯要做有自己灵魂的东西,否则就会屈居人后。如果让用户失去了体验产品的惊喜,那自然也就失去了客户的认同。

在腾讯,不允许说什么事情在技术上做不到。马化腾经常会直接回复普通员工的邮件,有一件事给员工留下了深刻的印象。

一次,马化腾要求在页面上加某种锚标功能,当用户对页面特定区域进行复杂操作之后,页面能够返回原来触发动作的位置,免得从头再翻。

该员工询问了技术人员,技术人员的回答是:这根本实现不了。于是,该员工回复邮件告诉他说:在技术上不可能实现。

大约两分钟之后,他回复了:你说什么?

该员工突然意识到自己说错话了,只能回信道歉:抱歉,我们去想办法。

过了一阵子,马化腾回复了一封长信:第一段里告诫这位员工,在腾讯,不允许说什么事情在技术上做不到。然后,他在信中列举了三四个部门里的HTML高手,列出他们的名字和GM(General Manager,总经理)的姓名(官方账号），要求直接去联络他们，请求他们给予技术上的支持。

有人描述过腾讯做出决策的一个典型过程：从凌晨 4 点马化腾发出邮件开始，历经总裁、副总裁、总经理、产品经理等几个级别的讨论，到下午 3 点就可以给出项目的具体排期，总共只用 18 个小时。如果在技术上遇到难题，那么马化腾会从全公司搜罗技术高手，给予技术支持，同时从不同系统层面来说也有很多资源可供调用。

腾讯的产品线上有 1700 多个产品，马化腾一直持续关注其中非常多的产品。员工和他写信讨论产品问题非常愉快，基本上就是一个产品经理和另一个产品经理之间的切磋。如果他被一个想法触动，便会立即把邮件升级，拖一堆副总裁、总经理进来，推动事情前进。

作为 CEO，他的意见给员工带来的压力很大。但是，如果和他据理力争，坚守底线，他也会做出退让，放手让员工去做。而且，一旦召开某种产品的讨论会，只要他参加，会议上基本上没有废话，从他的发言中可以发现，他总是能很敏锐地抓住产品的要点，在理解上和你相差无几。

所以，腾讯不存在"汇报"一说，不需要向 CEO 普及常识。他早已准备好了，只等着与大家直接进行讨论和 PK。

几千年以前，我们的先人指着月亮说："那是嫦娥居住的地方，我们凡人是不能上去的。"几千年后的今天，人类早已成功登陆月球。处于扩张时期的企业，总会遇到各种各样的问题，此时，领导者不能问"为什么做不到"，而是问"怎么样才能做到"。如果一直给自己传递"做不到"的信息，就会越来越没有动力，最终会因为感到绝望而自动放弃。

只有相信自己，相信团队，才能把压力化作动力，最终成就别人认为不可能的事情,制作出独一无二的产品。同时,领导者也不能疏远那些在解释"为什么做不到"的下属,如果公司里没人回答这个问题,公司就会在带"病"的状态下发展,导致问题越滚越大。

开发人员要用心思考产品,而不是采取公事公办的态度。你要知道用户、同行会关注你的产品,在这种驱动下,开发人员要有责任心去主动完成工作。不能说等到产品都做好了,送到面前再做。

40%～50%的产品的最终体验应由开发人员决定。产品人员不要介意有些工作是开发人员设计的,只有团队共同参与才能事半功倍,否则做出来的产品一定会比其他竞争者慢半拍。

优秀的产品经理必须具备以用户为中心的产品设计思想,现在已经有很多的产品经理接受并认同这种意识,他们开始重视用户研究并且开展用户调查,模拟用户的使用场景,从这些用户角度去设计产品,让这些产品设计更加地贴合用户需求。用户意识可以让产品经理改变闭门造车的现象,并且推动产品设计和用户体验的高速发展。

所以优秀的产品经理的第一要义是对自己的产品负责、对自己的用户负责,而不是对老板负责。一个技术工程师如果只是满足于用一行行代码去堆砌产品功能,而根本不顾及用户的使用体验,不积极地去处理用户反馈,这样的思维方式注定了他做出的产品一定很难被用户接受,更不可能成为一个高水准的产品经理。

腾讯大学

腾讯大学成立于2014年,作为有腾讯特色的学习交流平台,腾讯大学致力于服务腾讯的业务合作伙伴及用户,面向互联网产业链开放,通过线下学习活动及线上平台,为广大移动互联网用户提供腾讯及业界最佳学习实践干货、对外培训活动信息、互联网深入洞察、第一手业务动态传播腾讯经验,分享行业知识及优秀实践,助力合作伙伴成长等,有效地推动了开放共赢的互联网生态圈的建立。

腾讯大学是区别于我们以前所知的腾讯学院的不同品牌,腾讯学院着力于对腾讯内部人才的培养,而腾讯大学主要面向的是腾讯的合作伙伴,包括面向高校的互联网生态,搭建一个相互学习交流的平台。腾讯大学创建了系列产品公开课平台,持续举办了产品、技术、学术的交流沙龙和腾讯的各种峰会,邀请众多合作伙伴一起参与平台建设,共同分享。

在"2015 腾讯全球合作伙伴大会——互联网＋腾讯大学分论坛"中,腾讯大学校长马永武讲道,腾讯做腾讯大学的初衷就是基于腾讯的开放战略,实现互联网生态共赢。腾讯大学自成立以来,通过线上直播、公众号图文消息、网课等形式,输出了大量腾讯经验和行业知识给创业者及互联网从业人员。

在面向腾讯投资公司推出的"T＋计划"中①,推出了"T＋"在线课程逾百门,覆盖投资公司员工数千人。腾讯在自身发展的同时,一直积极履行社会责任,大学一方面推出了"校企合作项目",为高校培养互联网人才,为行业增添新生代力量;另一方面联合广大公益组织开展"社工卓越计划",为志愿者持续提供专业的公益课程培训。

目前腾讯大学细分为四个子学院:微信学院、开放平台学院、营销学院和游戏学院。在微信学院之下又细分为四个板块:微信商学院、微信技术院、玩转微信、微信时刻。在这里微信的合作伙伴及开发爱好者可以学习如何使用微信平台实现商业化应用、学习微信的技术教程、了解微信最新动态。

而开放平台学院是基于腾讯在 2011 年实施的开放政策。通过腾讯提供的开放 API(Application Programming Interface,应用程序编程接口),第三方可以把各类社交、游戏、电商及实用工具等应用,通过腾讯朋友、QQ 空间、腾讯微博、腾讯游戏、Q＋等多个社交平台进行推广。

而在腾讯之前,人人网、网易、盛大、百度、新浪等大型中国互联网公司已

---

① "T＋"计划通过线上"T＋"平台与线下增值服务,向投资公司提供培训、招聘、组织诊断及管理咨询等领域的支持。

经开放了部分互联领域的 API。

其中，百度开放平台是 2010 年 9 月就开始运营的，主打"框计算"概念。腾讯尽管起步较晚，但腾讯在流量、用户、渠道、广告平台以及社区化等方面具备不可小觑的数量级优势。

腾讯平台的最大优势在于多维度的社交网络和打通的账号资源。腾讯掌握着中国互联网的社交主动脉，其平台上的互动类应用繁多、接口丰富，通过多个社交平台可以实现应用的最快传播和多次传播。同时，开放的账户机制让用户可以用 QQ 账号登录不同的网站与应用，加快了网络业务的运作效率，让第三方产品的传播与使用更加便利。

而用户关系正是百度平台难以克服的缺陷，关系链的薄弱导致百度平台上用户互动类应用较少，社会化传播渠道也不甚完善。

不过，腾讯平台或许也很难达到百度的开放程度。百度与第三方可以做到更深层的互惠互利，为用户提供优化搜索体验的同时，百度的流量优势不会降低，第三方数据源也为自己获得了流量，做到了利益共赢。

但腾讯会因为开放用户资源而影响自身的核心竞争力。开发者的产品在一定程度上会抢占腾讯原本的流量与用户，使两者在一定程度上形成竞争关系，这导致腾讯很难做到彻底开放或资源共享。

另外，两者在开放方式上各有侧重。腾讯平台主要以产品和账号两种形式接入第三方，再为其导入用户流，而百度平台分为数据开放和应用开放两种，在技术开放方面更全面、更优化。据 51CTO 调研中心发布的报告，开发者普遍认为，对于"数据驱动"的复杂应用，百度平台的接口更能满足他们的技术需求，腾讯平台则更适合"用户驱动"的基础应用。

　　总体上,腾讯平台和百度平台在发展策略上形成了差异化竞争,一个凭借多维社交网,在用户资源和应用接入上相对开放,一个则占据搜索流量资源,在技术开放上更加全面与彻底。

　　对于第三方开发者,应根据自身应用的类型和技术级别等具体情况进行选择。不过,如果各平台能通过打通账号等方式实现进一步的合作,共享用户资源、数据资源、服务资源和商业资源等,无疑将实现平台与第三方资源配置的最优化。

　　营销学院坚持的是开放办学的理念,倡导"人人都是营销大师",旨在让营销更懂用户、更智能、更高效。

　　营销学院依托腾讯多年的大数据营销及互联网从业经验,联合业界知名学者、资深营销从业者、营销分析师、营销机构等方面资源,从课程培训、讲师辅导、营销认证、合作交流、学员社区、奖项研究等六大体系出发,推动移动互联网营销行业的发展和变革,传递营销行业的知识,实践营销行业的工具,促进营销人之间的交流,搭建营销人成长的家园。

　　营销学院开设了专门的训练营计划,根据个人营销能力的高低,分别有新手训练营、专业训练营和高手训练营,这种分层次、有针对性的培训,极大地提升了营销人员的业务能力。

　　而最后的游戏学院是由腾讯互动娱乐发起的,致力于打造游戏知识分享和交流平台,专注于建设游戏职业培训和发展体系。学院通过提供游戏类专业培训课程、建设游戏职业发展通道、开展丰富的校园活动及行业活动,帮助在校生和游戏从业者提升职业竞争力,成就游戏创想梦。

　　未来,为了顺应互联网的成长,腾讯希望把用户与实体世界连接起来,让用户可以用指尖触及生活的方方面面。腾讯大学会继续增强学习输出能力,让腾讯的培训体系在与合作伙伴共同构建的生态链上开花、结果。在腾讯开放战略的格局下,腾讯大学也将为合作伙伴输出"养分",共建"生态"。

飞龙计划

腾讯作为中国互联网行业龙头企业,目前正处于业务的高速发展时期,在业务范围内的各个领域都迫切需要一批能够助力公司未来发展的后备人才,这就对腾讯现有的后备人才在商业能力、行业敏锐度、观察力和领导力方面提出了更高的要求和挑战。所以对于腾讯来说,培养一批具有卓越才能的未来管理者势在必行。

为了帮助这些后备人才提升核心能力、拓宽视野并且更好地适应变革,腾讯学院设计了"后备管理干部加速发展项目——飞龙计划"(以下简称"飞龙计划")。

历经十余年的沉淀,飞龙计划已经成为最具腾讯特色的人才培养项目,飞龙计划不仅学习内容精心设计、学习形式有趣多样,而且紧贴腾讯业务发展的需求,同时也是高管参与最多的培养项目,迄今已经为腾讯培养出了300

多名核心管理干部,公司内部 70％以上的中层管理者都是出自飞龙计划。飞龙计划为公司的高速发展提供了源源不断的充足人才和新鲜血液。

飞龙计划通常为期半年,主要分为三次集中的学习模块,除了面授课程和沙龙分享之外,行动学习、评鉴中心和产品体验等学习方式也成为该项目固定的核心环节。

第一模块的学习主要是为了帮助学员更加全面地认识自己,提升学员在战略决策、前瞻视野、商业意识及洞察力等方面的能力,为后续成为一名更高级别的管理者做准备。

第二模块的学习是为了让学员对团队管理有更加深层次的理解,特别是在变革管理方面。对于变革管理的学习,飞龙计划特别引进了电脑模拟课程,让学员"化身"为企业的最高决策者,独自去应对企业的重大变革调整,通过这样的方式让学员对变革有更深刻的认识,同时也提升他们应对变革的管理能力。

在飞龙计划中,提升产品能力、拓宽视野是较为核心的培养目标,因此,"产品 PK 赛"和沙龙分享环节成了第三模块学习的重要环节。

在产品 PK 环节,会挑选三款来自自己公司或者其投资公司的产品,让学员把自己当作这些产品的负责人,提出产品优化意见,然后进行汇报 PK。

在沙龙分享环节中,除了有内部嘉宾的分享外,还会邀请不同领域的外部嘉宾来开拓学员们的视野和思考方式。比如飞龙计划一般会邀请合作伙伴的 CEO,给学员分享在小团队以及有限的资源情况下,怎样去克服困难、做好产品等。而对于那些需要精细化运营的学员,飞龙计划则邀请热门影视作品的运营负责人,分享他们在电影造势、营销粉丝效应方面的经验。

特别值得一提的是,飞龙计划的评鉴中心目前已经完全内化,腾讯学院不仅培养出了一批内部的测评师、"演员"和工作人员,还实现了测评报告的内部撰写。这些由内部的中层管理者和专家组成的测评师队伍,因为非常了解腾讯工作方式、管理风格和业务挑战,所以给出的学员测评反馈和测评报告也更有针对性,对学员未来的工作和发展有很高的价值。

此外,在每期飞龙计划结束后,腾讯学院项目组还会有一个复盘的传统,这个复盘系统通过多维度的核心人员访谈以及项目团队对关键成功要素的反思和分析,总结分析本期飞龙计划是否达到了预期目标,同时也可以为下一期飞龙计划积累经验。

飞龙计划的课程设计非常具有目标导向性,所设计的环节都对应提升这些领军人物在某方面的能力,规划非常清晰。

飞龙计划在 10 年内利用现代科技进行创新,无论是结合移动化、增强现实(Augmented Reality,AR)技术、虚拟现实(Virtual Reality,VR)技术还是跨界引入体育活动,都反映出 COE 腾讯学院对设计思维的重视。引入棒球、橄榄球这样的体验式学习活动,让学员在活动之余能够提高团队配合、策略制定甚至分析竞争对手战术和对策等意识。学员也能通过活动反思自己在日常工作中的不足,优化思考方式。

21 世纪,知识经济逐步成为引领世界经济发展的原动力,而作为知识载体的人,尤其是具备高素质的管理人才,成为企业竞争制胜的法宝和决定性因素。他们是支撑企业发展的重要资源,是企业获得更高利润的最直接创造者。而培养一批现代化的优秀管理人才,就必须建立健全、行之有效的企业管理人才机制和选拔管理机制。如今越来越多的国内企业已经清楚认识到这一点,纷纷在人才培养上不遗余力地进行投入。

TCL集团建立的人才培养体系,就常常被人所称道。作为一家传统意义上的制造型企业,面对着外部市场环境的剧变以及国家政策的调控,急需转型。为了有效支持集团战略转型的需要,TCL必须培养出优秀的人才。

为了培养各阶层的优秀领导者,TCL于2006年启动了鹰系领导力培养工程,发展到今天,鹰系培养工程已经为TCL培养了核心中层管理人才2000余人,这些受训后的管理人才在返岗后,都在自己的岗位上做出了卓越的贡献,创造了更大价值。

整个鹰系培养工程分为四级,从高到低分别是:雄鹰工程、精鹰工程、飞鹰工程和雏鹰工程。

雄鹰工程主要的培养对象是企业的高层管理人员,着重培养他们国际化的运营能力、战略思维、管理产业业务能力和领导队伍的能力。

精鹰工程则针对企业的中层管理者和骨干员工,培养他们的经营决策和领导能力,旨在让他们发挥带动作用,从中间开始向两端推进。

飞鹰工程针对的是对企业骨干员工和新上任的经理级人员,着重培养他们的管理能力、沟通技巧和团队协作能力。

而对于最基层的“雏鹰”,一般指的是刚刚招入公司的应届毕业生,对他们主要进行企业文化和技能方面的培训,让他们能够更快地转变角色,融入企业当中去。

TCL在人才培养的划分上有更为明晰的界线,而在课程设计方面和腾讯殊途同归。TCL在对“雄鹰”和“精鹰”两个阶层的人员的课程设计上,多以学院设计课程为主,有面授课程、导师辅导、行动学习、企业实践改善研讨等培养方式。这些课程设计和腾讯一样，都在员工的实战经验、战略思维等方面发挥了积极的作用。

而对"飞鹰"和"雏鹰"，TCL则采取学院和各企业共同探讨的培训方式，这和腾讯的产品PK环节有几分相似，学院和各企业会根据自身的经营状况和战略布局，有针对性地对学员进行培训，让他们在真实的商战中去总结分析，快速成长。

在导师辅导上，TCL非常注重内部讲师队伍的建设，采用导师认证的方式来严格要求导师，提升导师的课程研发与内化能力，现在TCL已经形成了多门内化课程。对于"飞鹰"阶层的学员，基本采用内化课程进行培养；而对于"雄鹰"这样的高层学员，外部讲师的比例会更高。如同腾讯评鉴中心的内部测评师，这些内部专家能够为学员带来更为贴合企业实际发展的有效经验。而外部讲师人才的引进，则可以带给学员全新的思维方式，并且进一步拓宽他们的视野。

中国互联网企业整体还比较年轻，处于发展的朝阳期，但在管理和人才培养方面，腾讯时刻保持警醒，随时准备应对各种挑战。

今天，我们不需要再讨论培养管理者是否只是大公司在市场景气时才负担得起的奢侈品，培养管理者已经变成必不可少的工作，因为现代企业已经成为社会的基本结构。腾讯的"飞龙计划"是一个非常庞大且重要的项目，其包含了管理者的所有要素：工作的安排，与上司和下属的关系，组织的精神以及组织结构。

然而，在大型组织中，特殊的培养管理者活动虽然只是辅助工具，但十分必要，因为这些活动凸显了公司对于这个问题的重视，也激励着管理者协助下属开发自己的潜能。

德鲁克告诉我们："真正重要的是自我发展，世上最荒谬的事情莫过于由企业一肩扛下发展员工的责任。真正应该承担这个责任的是个人，要靠自己的能力和努力才能成为好的管理者。没有任何企业有能力或义务取代员工个人自我发展的努力。"

腾讯学院依照管理职位的要求和需求来设计三次集中培训，具有前瞻性地预判腾讯在未来 5 年、10 年、15 年需要的管理者资源，从公司目标、组织结构、主管年龄结构等角度充分加以考虑，拟定了一套科学的管理者培养计划。腾讯深知，不是参加完培训营，一个合格的管理者就立刻诞生了。换句话说，单单找到适当人选来满足未来 5 年的需求还不够，真正的成效或许要到 10 年、15 年后才会显现。

激励和惩罚

腾讯是 IT 界知名企业，许多 IT 从业者都希望能够进入腾讯，而且腾讯的离职率在行业里一直比较低。腾讯究竟是如何让众多员工焕发起热情和积极性，又是如何为企业自身的发展提供澎湃的动力和竞争的活力？

按照马斯洛的理论，个人成长发展的内在力量是动机。而动机则是由多种不同性质的需求所组成，各种需求之间又有先后与高低层次之分；每一个层次的需求与满足，将直接决定个体人格发展的境界和程度。马斯洛认为，人类的需求是分层次的，由低到高分别是：生理需求、安全需求、社交需求、尊重需求、自我实现需求。

首先，一个人最强烈而又不可避免的需求就是最底层的需求——生理需求，它是推动人类行动的强大动力，比如吃饭、住房、医疗等。

在腾讯，员工根本不需要为吃饭喝水这样的事情操心，位于腾讯大厦 15

层的员工餐厅，一层有上千平方米，设备完善，能同时容纳 1300 多人进餐，这样的餐厅共有三个，每天食堂会解决大家的一日三餐甚至是夜宵。节假日提供的水果、粽子、月饼等更是经过长达 4 个月的精心挑选，并且提供邮寄服务。没有生活上的后顾之忧，腾讯员工就能把更多的心思放在工作上。

在上下班时间，腾讯的班车一辆接着一辆。在深圳市区，腾讯班车有几百条线路，比一个中小城市的公交系统还完善，从早上 8 点到晚上 11 点，可直达深圳关内的任何一个地方。

对于看病贵、看病难这样的问题，腾讯员工也不用费心。腾讯为员工提供商业医疗保险并延伸到家庭成员，这种医疗保障解决了家庭看病问题，每年 30 天的全薪病假更是让员工在生病时可以安心养病。

关于社交，腾讯内部有许多非正式组织的协会，这些协会往往是根据员工的兴趣爱好组成的兴趣小组。只要是积极健康的，活动形式不限，公司定期提供一定的活动经费支持。很多员工通常是几个协会的会员，这样就打破了只有工作时才有交流机会的限制，可以更好地满足员工交流沟通的社交需要。

对于任何企业来说，最直接的激励办法莫过于优厚的员工福利。平时变着花样来的工作餐、舒适的办公室咖啡厅、供员工休息的"行军床"、接送上下班的公司专车大巴、还有价值 2000 多元的赫曼米勒（Herman Miller）牌工作椅、拿到手软的奖金红包、年度旅游和部门活动……

但最令人艳羡的员工福利莫过于 2011 年腾讯正式启动的"十亿安居计划"。这个计划旨在为首次购房员工提供免息贷款，最高可达 50 万元，帮助员工减轻购房负担，减少工作的不确定性，达到令员工安居乐业的目的。

而令人印象深刻的奖励莫过于在 2016 年 11 月 11 日腾讯 18 周年纪念时，腾讯公司给每位在职员工授予 300 股腾讯股票，按照当时的市值价值 6 万元左右，公司为此支出了大约 15 亿元。

此外，腾讯公司还为在职员工、离职员工、外包人员和公司服务人员准备了总额约 3000 万元的现金红包，单个红包金额在 188～1888 元不等。许多收到红包的离职员工都表示惊喜与感恩。

2017 年 7 月，腾讯又发布一则公告声明，公司要给 10800 位员工发放 1787.06 万股股票，据估算大约值 43 亿元人民币，平均每人能拿到 40 万元左右的股票。这次的奖励覆盖了约 1/4 的员工。

腾讯除了解决员工的温饱问题、安居问题以及给予他们丰厚的物质奖励外，也格外关心员工的个人成长。

人才甄选哲学和 KPI（Key Performance Indicator，关键绩效指标）层层分解是腾讯执行力强最主要的原因，工作表现与年终奖、升职直接挂钩。腾讯对奖金的发放一向"绝不手软"，员工在这种激励下自然奋勇向前。

过去腾讯的绩效考核分为 SABC 四档，S 为最优秀，C 为最差。S 和 C 各占比例 5％，不同的是，考评结果为 S 级的员工会拿到奖金和一系列荣誉称号，而若某一员工连续两次考核结果都为 C 的话，就将面临辞退处理。但随着公司的快速发展，人员管理难度增大，KPI 考核也在一定程度上走入了误区。

"微信之父"张小龙也曾不止一次吐槽过 KPI，腾讯的管理者们也注意到了这种僵化和流于形式的考核所体现出的不足，因此，现行的腾讯考核结果从四档变成五档，让最优秀的人和表现最差的人显现出差距来，给大部分员工时间和机会进步,发挥优势、弥补不足。

在腾讯,每一名新入职的员工都会有一名资深员工成为他的导师,每位导师会有很多学生跟随着他,一起学习并提升自我。

这种导师制不仅能将腾讯的企业文化、核心价值观很好地输送给新人,而且面对日新月异的互联网世界,有一些不为人知的、没能及时书写下来的知识和经验技巧,都在导师"传帮带"的过程中源源不断地输送给新一批员工。

导师可以在教授学生的过程中汲取新的灵感和思路,加深专业认识和水平,而员工在导师的激励下,则能更顺利地融入环境,拓展自身的知识深度和广度,学习专业的技能技巧,在工作中披荆斩棘。

马化腾在 2007 年中国互联网大会上提到"留住老员工"的难度,在公司壮大以后,第一批享受到各种薪酬福利、股票期权激励的老员工有可能出现动力不足的情况,在面对个人发展的时候,可能显得并不上心,因此,腾讯设立了一套双通道职业发展体系。

腾讯员工可以根据自己的兴趣和特长,选择管理方向的发展通道,也可以选择走产品、设计、技术、市场等专业发展通道,而在这两个通道所取得的成就都是被同等对待和认可的。同时,对于不同类别、不同发展等级上的员工,腾讯有一系列完整的职业、能力素养的培训系统,帮助员工更好地认识自己,提升能力。

2007 年教师节,腾讯学院举办了成立仪式,其组织架构分为领导力发展中心、职业发展中心、培训运营中心等多个部分,使命就是通过提供全方位、多实效、重实效的培训平台,成为员工 3A(Anytime,Anywhere,Anyway)学习的知识银行,成为经理人培养团队的黄埔军校,成为公司知识管理的最佳平台。

腾讯学院拥有庞大的内部讲师队伍、自主研发课程和网络课程,并且引进了国际顶尖专家讲师和顾问、商业领袖等,并与哈佛大学、中欧国际工商学院、长江商学院等知名学院及企业大学建立合作关系,同时还引进了著名的增强学习(Q-learning)算法系统,力求为员工提供最新的理念、最前沿的商业理论和技能。

此外,腾讯学院还设计了专门的"飞龙计划",为培养中层干部后备做好充分准备,从开阔视野,组织员工与行业最优秀的企业交流,到岗位实践,解决公司在产品、管理和战略方面的问题;针对员工从专业技术人员晋升专家的培养,腾讯则推出了"新攀登计划"。

2015年,历时十年打磨沉淀的"飞龙计划"得到了认可,培训界最有影响力的组织——人才发展协会(Association for Talent Development,ATD)为腾讯学院的飞龙计划颁发了年度"卓越实践奖",该奖项堪称国际培训界的"奥斯卡奖",在业内具有极高的含金量。

腾讯公司不仅注重对公司内部员工的培养,也注意发掘人才,给平凡人一次不平凡的机会。2016年12月,腾讯北京分公司20楼的一名前台保安经过层层面试,被腾讯研究院录取为外聘员工,负责数据整理和数据运营工作。腾讯CEO马化腾也通过微博称赞这名保安的故事很励志。

在这种以正向鼓励为主的氛围中,员工的个性和特长得到了极大的发挥。但是在激励的同时,公司同样也设立了高压线,新员工进入腾讯的第一天就要明确哪些是高压线不能碰,比如泄露公司商业机密、收受回扣、虚报假账等违法乱纪行为。

2015 年 7 月 9 日,腾讯公司就通报了一起严重违规行为。

原来,腾讯在 2014 年的例行审计过程中,发现了前两年视频团队涉嫌严重的贪腐问题,并随即向警方报案,抓捕了多名在职、离职以及供应商人员,而那时已在阿里巴巴集团任副总裁一职的前腾讯管理干部刘春宁也牵涉其中。

刘春宁曾担任过腾讯总裁助理等职务,被马化腾视为爱将与心腹,但是由于涉及商业贿赂行为,损害了公司利益,也违反了法律规定,终究逃不过法律的审判。

腾讯官方在事件曝出后迅速表态:"刘春宁作为腾讯公司的前管理干部,在职务岗位上涉嫌贪腐,这已远远超出犯错的边界,既触犯了腾讯公司的高压线,也触犯了法律原则。犯错可以原谅,但犯法岂能姑息。"

早在 2006 年腾讯圣诞晚会的"荧光棒事件"中,无序的疯狂令人深感震撼,马化腾因此发了一封题为"做受尊敬的腾讯人"的邮件给全体员工,邮件中不仅对"荧光棒事件"进行了批评和反思,更是对"逆乘电梯"等不良行为提出批评。

腾讯文化执行委员会随之发布《关于在公司内开展"瑞雪行动"的通知》,规范员工内部出现的不道德行为。随着"瑞雪文化"的推广,更有"瑞雪大侠"时刻监督提醒,"瑞雪文化"从文明排队、乘梯等社会行为逐步衍生到信息保密等职场内容。

其实"瑞雪文化"的本质也正是腾讯"正直"价值观的体现,马化腾表示:我们坚持什么,主要是因为信仰什么是好的、对的。不是说只有"正直"才能成功,但是如果做正直的人也能成功,为什么不做呢?

腾讯历来强调对全体员工强化普及《员工阳光行为准则》,明确公司高压线,一旦触及,无论事后是否转岗、离职,均诉诸法律处理,绝不姑息。绝大部分员工在长期的"正直"熏陶下,都能保持积极阳光的工作心态,坚守公司文化。

比如腾讯某部门的一名员工每天负责撰写核心产品的数据日报并直接发送给整个部门,每个同事都能够看到这个产品的收入和流量数据,却不担心数据外泄,这一切的基础,都是腾讯"正直"文化在发挥着作用。

一家公司,无论是以"激励员工"闻名还是以"惩罚严厉"闻名,都是通过文化的力量去感染员工,传递公司的价值观念,使员工对公司产生认同感和归属感,自觉去遵守公司规则,维护公司的形象。

步入腾讯,随处可见代表企业形象的憨态可掬的 QQ 公仔,而深入每个人骨髓的正直、进取、合作、创新精神更散发着无穷魅力,我们相信在强大的企业文化的熏陶下,这家年轻的公司一定能够持续地向社会传递"正能量"。

第四章

外部关系：
"一棵大树"变成"一片森林"

2017 年，在接受华盛顿大学福斯特商学院教授、《管理视野》杂志主编陈晓萍的采访时，马化腾讲到了腾讯成功的原因。一方面，强用户导向的理念让腾讯走得更远；另一方面，开放战略让腾讯从"一棵大树"变成了"一片森林"。

从封闭到开放，腾讯完成了一次自我革命。如今，马化腾能够非常自信地告诉合作伙伴们："我们很清楚，孤木难成林。只有赋予开放分享的基因，生态才可能长成一片森林。"这样的自信，来自于腾讯的自信，也来自于合作伙伴的信任。

用户管理：以用户价值为依归

张小龙在一次演讲中说："有一些朋友也会跟我们提需求说，能不能给我们开一个白名单，把微信红包的金额提高一下？因为我是一个土豪，我想给别人发 800 块的红包。开一个白名单对我们来说是举手之劳，对我们的客人来说会觉得这是与众不同的权限，可以炫耀一把。我们确实开过这样的白名单，但是前不久把它关闭了，因为我们发现如果开一个白名单出去，只会在用户里面造成一种攀比，造成一种不均衡，而这样的现象不是我们倡导的微信文化。"

以用户价值为依归，是腾讯向来秉持的理念。更难得的是，腾讯真正理解了什么是用户价值。在对用户的管理中，腾讯也践行了这一原则，不是一味迎合，而是有选择地坚守。因此，腾讯的用户常有这样的感觉：这家公司无处不在，却又和用户保持着刚刚好的距离。那么，腾讯是如何做到的呢？我们在这里总结了腾讯管理用户的三大步骤。

第一步：了解用户

腾讯推出过许多像 QQ 那样生命力长久的"爆款"产品，究其原因，是因为它做到了 360°洞察用户需求。在腾讯，产品经理每个月必须做 10 个用户调查，关注 100 个用户博客，收集和反馈 1000 个用户体验，这就是在业内人尽皆知的"10/100/1000 法则"。近乎强制的要求，就是为了让产品人去积极了解用户。

任何企业和用户之间都会经历从一无所知到无所不知的过程，在大数据等分析工具的帮助下，如今的企业已经能够走近用户，甚至能够做到比用户更了解自己。

"考拉看看"签约作者李立在《腾讯产品法》一书中写道：在腾讯内部，是很少提产品和功能的。我们一般只会强调解决问题，站在用户的角度去看，我们的产品能够解决用户的什么问题？如果能既快又好地解决了用户的问题，那就是好的产品。

实际上，从了解用户需求开始，腾讯就已经开始了对用户的管理。我们知道，用户的需求是千奇百怪的，其中会有冗余，也会有闪光点。那么，在洞察用户的过程中，我们就要从两方面管理双方的关系：第一，满足用户需求；第二，不能被用户需求牵着鼻子走。也就是说，在搜集用户资料的时候，要进行同步的专业分析，这才称得上是了解。

这要求产品人有足够专业的判断力，捕捉那些最有价值的用户需求，去除那些不那么重要的用户需求。专业人才的重要性在于，当调研分析工具出错的时候,能够凭借过往经验发现问题,做出正确的决策。

值得强调的是,虽然了解用户是管理用户的第一步,但这并不是一个有限的过程,而是一个持续的过程。了解用户永远是进行时,没有完成时。要想产品有生命力,就要一直将"了解用户"这件事进行下去。如果用户需求变了,产品就要以最快的速度做出调整。不然,等待产品的就有可能是死亡。

第二步:以最大的效率为用户解决问题

在互联网时代,了解用户需求的手段越来越多,企业之间真正的比拼,是看谁能更有效地解决用户问题。这就好比医生救治病人,那些能够最快根治病痛的医生,往往会得到"医术高明"的称赞。

同理,谁的产品能够更快更好地"救治"用户的问题,谁就能够获得用户。如果说了解用户是企业主动走向用户,那么解决问题就是吸引用户主动走向企业。管理应当是双方的互动,绝不是单方面的行为。也只有互动才能增进了解,从而做出调整,让双方达到更舒适的状态。

以 QQ 表情包为例,最开始,QQ 聊天中可以使用的表情非常单一,用户们自然觉得不够用。了解到用户需求后,腾讯就联合内外多方力量,丰富表情包的资源库,以此缓解用户的使用渴望。但用户的反映是:这还不够。表情包这种产品总是要常换常新,再多的新品都难以满足用户的需求。

那应该怎么做,才能满足用户们日益增长的新鲜需求呢?除了推出新品之外,还有其他更有效的方式吗?此后,腾讯推出了"贴图表情"功能。通过这个功能,用户能够利用已有的表情素材进行粘贴组合,自己创造出专属表情包。在海量表情素材的支持下,用户实现了每次都用不一样的表情的愿望。如此,用户常换常新的需求得到了极大满足,旧表情也有了新的生命。

从 QQ 表情包的小故事中,我们发现,最高效的办法不是憋大招,而是尽早尝试,小步迭代。"小步、迭代、试错、快跑",是所有互联网公司取得成功的八字秘诀。它要求公司在研发、反馈及迭代上,形成完全不同于制造业的制度。如果总是想憋一个大招出来解决终极问题,那么产品夭折的可能性会很大。在没有找到根治的办法之前,给一些缓解剂,总比放弃治疗好。

再举一个关于"全民 K 歌"的例子。这款 App 是腾讯在 2014 年推出的,通过对用户需求的了解,产品聚焦了唱歌和社交两大功能。用户使用这款产品,不仅能唱出更好听的歌曲,而且能和朋友们分享,互相点评、送花等。上线仅半年,全民 K 歌就实现了日活跃用户破 100 万,用户留存达 72%。

全民 K 歌没有停下改变的步伐。在产品上线一年之后,用户量达到了千万级别。这时候,用户的需求出现了新的趋势。在腾讯大学公众号原创栏目"8 分钟产品课"中,全民 K 歌产品负责人马里奥曾讲道:"每天愿意去唱歌的用户永远是一个恒定的比例,无论我们做什么样的引导,大概每天只有 40% 的用户会愿意唱歌,但与此同时呢,每天大概有 60%～70% 的用户愿意去看更多的好友的内容,或者去处理一些跟他有关的消息。"

这就意味着,全民 K 歌的唱歌需求变化不大,但社交需求在不断上升。此时,对于产品团队来说,就面临一个问题,如何平衡唱歌和社交之间的关系?更具体的疑问是,是否要强化全民 K 歌的社交功能,弱化唱歌功能?

对此,全民 K 歌坚持了唱歌功能的核心地位,但也对社交功能进行了强化。在新的版本里,用户的好友动态被放到一个最主要的界面,而用户消息变成了一个独立的模块,以此强化社交性。同时,推出练歌、音效、变唱等一系列围绕唱歌功能的创新体验,提升用户的唱歌体验。此后,无论产品界面如何变化,唱歌按钮始终处在界面中心。

从这个例子中得出的结论是:无论用户需求如何变化,在做调整的时候都要坚持关键需求。用户的问题层出不穷,只有做到要事优先,才能最大效率地解决问题。高效率不仅要快速,而且要打中要害。

第三步:拒绝溺爱用户

用户就是上帝,这句话被很多企业奉为圣经。在互联网时代之前,很少有人思考过,当用户犯错时,企业该怎么办?因为在传统工业时代,企业把产品卖给用户之后,双方基本就没有更多联系了,用户如何使用产品与企业无关。用户若是拿刀伤了人,人们不会去责怪刀具生产商。

然而,互联网产品就不一样了。用户在使用产品时,和企业之间有着紧密关联。这时候,如果用户用产品做了不正当的事情,平台也会承担相应的责任。比如,有的用户利用技术漏洞或者恶意运用规则,去赌博、欺诈行骗或者散布谣言、传播病毒等。当这些问题尚未发生时,企业该如何去预防?当这些问题发生时,企业又应该如何管理?

尊重、引导

即便用户利用平台做了不道德的事情,甚至是违法的事情,但对于企业来说,这个犯错的人仍然是一位用户。既然是用户,就应当得到尊重。至于他们所犯的错误,应当交由政府有关部门处理,企业在其中做支持和配合。

在事件发生之前,企业有责任监测产品应用环境,建立预警机制,及时发现异常并采取合理的方式解决。以谣言为例,在网络环境中,充斥着无数的虚假信息,当这些信息的传播量达到某一个临界点,就会演变成谣言,给社会带来恶劣影响。但在谣言的传播过程中,其实有很多不明真相的网友,他们只是中了圈套的谣言受害人。

法律会处罚少量的恶意人士,而平台应当做的是更有效地引导其他更多的用户。同时,平台也要制定游戏规则,出台相应的违规办法。比如,在《微信公众平台运营规范》中就提到,对于诱导转发文章、诱导关注公众号等违规行为,公众号平台会进行删文、限制账号部分功能或封禁账号等措施;对于未经授权发送他人原创文章、侵犯他人知识产权的侵权行为,首次出现的将对违规内容进行删除处理,多次出现或情节严重的将对违规公众账号予以一定期限内封号处理。如此,在规章条例的规范下,平台与用户之间彼此尊重,共同发展。

技术疏通

当危机事件发生后,第一要务当然是集中力量解决它。但在现实情况中,一件事的背后,往往潜藏着很多诱发因子。如果不想办法解决源头问题,就算不上真正解决了问题。

在科技时代,技术带来的问题往往可以用技术来解决。比如,为了防止文章抄袭,保护原创,微信推出了"原创声明"功能。当其他用户在微信公众平台转发已进行原创声明的文章时,系统会为其注明出处。

再以谣言为例,微信在2017年6月10日推出的一个小程序,名叫"微信辟谣助手"。通过这个小程序,用户不仅可以主动搜索谣言,就连用户阅读或分享过的文章，一旦被鉴定为谣言，用户也能收到提醒，让谣言即刻粉碎。

如果一定要一种管理工具的话，技术应当是企业最该想到，也最该利用的工具。在技术之外，再去考虑人际关系、情感、情绪等其他因素。不可否认，用户的情感管理也非常重要，尤其是在品牌建设和营销传播方面，情感管理必不可少。让科技拥有情感，将是未来用户管理中一个长久的命题。

与投资对象：只求共生，不求拥有

在 2010 年之前，腾讯用 12 年的时间做了两件事情：第一，自我封闭；第二，霸占天下。按照字典里的解释，这两个词都不是褒义。当我们去探究腾讯为什么变成了一个自我封闭的霸王之时会发现，经历会塑造一个人的性格，也会塑造一个企业的性格。

在发展早期，腾讯吃过许多苦头，其中给它留下了深刻教训的，是与移动梦网项目的合作。2000 年到 2004 年期间，腾讯依靠和中国移动之间的"移动梦网"合作，度过了艰难的生存期。所谓移动梦网项目，就是腾讯基于移动网络提供的增值服务，比如"移动 QQ"，产品创造的收益，由双方按比例分成。

2001 年 6 月，因"移动梦网"业务开展顺利，腾讯在财务报表上第一次实现单月盈亏平衡。2001 年年底，腾讯实现营业额近 5000 万元，净利润超过 1000 万元，其盈利全部得益于中国移动的"移动梦网"项目。

　　然而,这样的好运仅维持了三年。2004 年下半年,中国移动开启了清逐内容服务商的行动,三年的合作就此终止。一夜之间,腾讯失去了一大块收益,却毫无办法。这一刻,受伤的腾讯意识到,与人合作就等于时刻承受着巨大风险。

　　不幸中的万幸是,尽管受到了移动梦网项目的影响,但腾讯还是依靠QQ 业务重新振作了起来。从此以后,腾讯开始了长达五年的"霸权"之路。何为霸权? 什么都做,不给别人一条活路,这就是霸权。

　　从 2005 年到 2010 年期间,即时通信、视频、门户、游戏、电子商务、搜索……腾讯的身影充斥在互联网的各个角落。一旦它出现,这个领域里的其他"生物"几乎没有生存的可能。如此,霸道的腾讯在别人眼中成了一个怪物。

　　在那时,腾讯的字典里从来没有出现过"外部孵化""投资"这样的词语,甚至连"并购"都不曾有过。似乎除了赶走生态圈里的其他对手,它没有别的战略可言。这一状态持续到 2010 年下半年,腾讯和奇虎 360 之间的"3Q 大战"才改变了一切。

　　"3Q 大战"本身其实并没有太大的意义,它的价值在于引发了腾讯的自我反省。腾讯意识到外界对自己的不满和批评后感到委屈,也拿出了认错的勇气和决心。

　　梁晓声曾在《玻璃匠和他的儿子》一文中讲了这样一个故事:玻璃匠是一位非常严格的父亲,脾气不好。有一次儿子把镶嵌在玻璃刀上的一颗宝石弄坏了,担心被他骂,就用透亮的玻璃碴填充了宝石的位置。没想到,玻璃匠这次没有打骂儿子。之后,父子感情反而越来越好了。

多年以后，这位父亲才告诉儿子自己当年的想法，他说："当年，我是恨不得几步就走回家里，见着你，掀翻就打。可走着走着，似乎有谁在我耳边对我说，你这个当爸的男人啊，你怪谁呢？你的儿子弄坏了你的东西不敢对你说，还不是因为你平日对他太凶吗？你如果平日使他感到你对于他是最可亲爱的一个人，他至于那么做吗？你儿子的做法，是怕你怕的呀……"

转变父子之情的不是打碎宝石事件，而是这件事引发的反思。"3Q 大战"之于腾讯的意义，也在于此。真正的价值不是事件过程，而是背后的反思和事后的改变。从这件事情中，腾讯领悟到了开放生态之道。

在关于开放的多次演讲中，马化腾都强调，挣钱不是腾讯开放平台的唯一目标。只有越来越多的合作伙伴在腾讯的开放平台上取得成功，腾讯才算真正成功了。并且在不侵犯用户利益的前提下，腾讯会先成就伙伴、再成就自己。

这一次，腾讯战胜了过去在移动梦网项目上失败的阴影，也勇敢地承认了错误，并且积极采取了行动。它清醒地认识到，在这个星球上，相互依赖才是长久的生存法则，与其吃掉对手或与之竞争，倒不如结成同盟，共生共栖。

此外，互联网的飞速变化也让腾讯意识到，什么都做，就意味着什么都做不好。互联网之大，远远超过了人类的想象，没有谁能够吃掉这个世界。为了持久地活下去，腾讯需要彻底改变自己。

这时候起，腾讯的关系谱里才出现了"投资对象"这一分支。

不干涉

腾讯的投资图谱每天都在发生变化，要去探究它在过去几年投资了多少家企业，并没有多大意义。我们关注的是，腾讯是如何与这些投资对象打交道的？

2016年，在央视财经频道《对话》栏目中，马化腾和58同城创始人姚劲波及美团创始人王兴对话，而这两位的公司恰好是腾讯的投资对象。腾讯持有58同城23.15%的股份，是58同城最大的股东，同时也是美团的第一大股东。

当主持人问及如何管理这两家投资的公司时，马化腾回答说，从来不干涉、不管理就是最大的支持。他认为，在细分垂直领域，像美团和58同城这样的公司才是专家，它们最有发言权，更有管理权。大股东不用"多事"，退出来不干扰它们的自我运行，就是最好的管理。

一席话结束，赢来了现场的一片掌声。马化腾继而提到，要做"互联网＋"，首先得做减法。"也就是说，我们要承诺放弃某一些领域，否则你自己做的话没有一个合作伙伴来投资或愿意和你合作，那这个合作是不长久的。所以，我们自己要把持住、克制住一些冲动。"他所说的"冲动"，就是指对投资对象过分的占有欲和控制欲。放手不管不是不负责任，而是彼此懂得，互相信任。

马化腾也曾在多次访谈或演讲中谈到，很喜欢"半条命"这个说法。在他看来，"半条命"意味着需要互相信任、互相支持，并且腾讯基本不会去主导和控股，而是尽量成为帮助者，让它们自主地成长为独立的公司和平台。

投资是赋能的一种形式

既然不干涉管理，那么腾讯投资了其他公司后，会做些什么呢？不可能只是给一笔钱就什么都不管了。换句话说，腾讯投资的公司中，有好些并不缺钱,它们为什么接受了腾讯的投资呢? 如果用刘炽平的话来说,应该是腾讯的开放能力得到了他人的认可。

举个例子,2016 年,腾讯投资了印度的一家社交媒体公司,该公司曾表示他们有网络并发和安全问题,希望腾讯能提供解决方案。随后,投资部门联系了腾讯内部的技术专家,发现这些问题是腾讯 5 年前就已经解决了的问题,便请了刚从一个业务线退下来的小团队帮助这家公司。如此,腾讯将自己的能力"移植"给了对方。

腾讯思考的是,如何将好的运营经验和解决问题的办法分享给所有人。这样的想法,让它不用纠结于过去既有的管理中,而是去发现未来。回到整个投资生态体系中,腾讯希望能够带来一些额外价值,除了金钱之外,还有更多样化的支持。以往,一家公司接收腾讯的投资,要么为了钱,要么为了得到流量支持。而今后,将有越来越多的公司希望获得腾讯解决问题的能力。

因此,腾讯也在不断建设专业化的投后服务。在人力资源领域里的管理咨询、招聘、培训等各个方面,专业化能力建设得到进一步提升,为投资对象提供包括政府关系、市场公关、猎头招聘在内的各种各样的专业化服务。

任何生物体,只要适应周边的生物,就可以在某种程度上实现共同进化。除了提供能力服务之外,腾讯也在所有投资公司中建立了大量的联盟体系。腾讯投资管理合伙人李朝晖在"2017 腾讯全球合作伙伴大会"上讲,希望通过这样的联盟,使大家能够互通有无,在不同的领域里把自己的强项分享给更多人,同时能够从别人那里也学到更多与自己的业务相关的知识和能力。

树大招风和爱惜羽毛致使大公司不能够客观理智地思考,制约太多、内部流程复杂笨重则是大公司的通病,所以最终的决定权还是在于领导人的视野和格局。腾讯不可能涉足所有的互联网产品,所以通过资本方式的参与,只求共生,不求拥有。

与投资人：真诚、稳定、简单

在创业初期，腾讯曾经历过一段极度缺乏资金的日子。在互联网发展初期，变现方法有限，一款免费的爆款产品带来的往往不是财源滚滚，而是负债累累。腾讯就面临着这样的状况，虽然用户极速增长，但只有用户却没有收入，陷入了一种尴尬的境地。

为此，腾讯创始团队曾经四处求人，想把公司卖掉。深圳赛格、广东电信、中北寻呼集团……这些企业都曾接到过腾讯的求助。然而，面对 OICQ 这个既可爱又受人喜爱的"宠物"，没有人知道该怎么办。

吴晓波在《腾讯传》一书中写道：

几乎所有接待过马化腾或曾李青的企业都表示"不理解腾讯技术和无形资产的价值"，有的则提出只能按腾讯"有多少台电脑、多少个桌椅板凳来买",对公司的估值,最多的出到了 60 万元。马化腾后来沮丧地说:"谈判卖腾讯的时候,我心情非常复杂和沮丧,一连谈了 4 家,都没有达到我们预计的底线。"

面对最多出价 60 万元的买家,马化腾尽管沮丧,但仍然坚持了底线。他们想要的不是尽快脱手,而是让 OICQ 活得更好,而且他们坚定地相信 OICQ 可以更好。而今,腾讯的成功让许多曾经看不懂它的人后悔不已。

腾讯的融资之路走得并不顺畅,但也并不反常,任何初创的项目都要经过四处碰壁到逐步被投资人所接受和看好的过程。幸而,即便是在最缺乏资金的时候,腾讯也坚守了自我,做正确的决定。更难得的是,在与投资人之间长期的相处中,双方保持了平衡稳定的关系,这不失为一种成功的关系管理。

真诚相待

投资人每天都要会见数不清的创业者,与其说他们会看项目,不如说他们会看人。一个项目的前景和价值固然重要,但若要投资人拍板,往往还需要一点火候,这个火候就是创业者的品质和将来合作后的磨合程度。

20 世纪 90 年代,风险投资开始在中国升温。不过,早期来中国寻找项目的风投并不多,可能也是因为中国的产业政策并未放开,同时,中国的行业发展潜力并未被充分发掘。随着互联网行业在中国的兴起和发展,风投才开始到中国寻觅投资机会。

美国国际数据集团(International Data Group,IDG)就是最早进入中国的风投公司之一。在 1996 年,IDG 开始到深圳寻找投资项目。当时 IDG 的代表是王树，他深入深圳的科技公司圈中，先后拜访了多家深圳的科技公司。

通过一些人脉联系，腾讯联系到了王树，并和他顺利会面。在双方会谈时，马化腾因为身体不适卧病在床，精神状态很不好。王树想听听马化腾作为团队领导对公司前景的看法，结果马化腾一句漫不经心的"我也不知道"让场面有些尴尬。

然而，如果回到当时的现场，应该能从马化腾的表情和语气中感受到，这并不是在敷衍。他没有夸夸其谈，讲出一箩筐空洞的设想，而是实事求是地表达了自己的看法。这句话暗含的意思是："看吧，这就是最真实的我们，我不想讲虚的来骗你。"要知道，OICQ可以吹牛的空间还是很大的。

事后，王树也表示，马化腾真实、坦诚的性格打动了自己，从而让他更加确定地投资腾讯。当然，从客观方面来说，OICQ的受众的确很多，而且呈爆发趋势；同时国外的ICQ并购事件给了大众一些想象的空间，这些都对这场谈判起到了推动作用。

马化腾说自己"不知道"，其中一部分原因也可能是他之前被融资的事搞得筋疲力尽，情绪似乎比较低落；但从另一方面来说，他当时没有吹嘘自己的宏伟计划，不善于"讲故事"，这种真实反而给王树吃了一颗定心丸，他认为马化腾是一个踏实、肯干的团队领导。

资本的眼光除了落在项目的前景上，也会看重团队领导的品格。很多时候，促使投资人做出最后决定的，都是创始人的个人品质。真实、诚恳一定是创业者的加分项，实诚但不软弱的人，更加可信赖和容易沟通，这对投资者与创业者的磨合有很好的促进作用。

此外，在其上市十多年的历程中，腾讯多次通过回购股票提升投资者信心,用实际行动去证明自己的能力与决心,与投资者进行真诚的沟通。

2005 年,受到"移动梦网"业务的影响,腾讯的股价持续下滑。当年 4 月,腾讯董事会宣布回购已发行股本 10% 的股票,以此表示对公司未来发展的信心。到 11 月,腾讯又宣布了一项金额最高为 3000 万美元的股票回购计划。

2013 年 4 月,受到"微信收费"等传言的影响,腾讯股票下跌。为了打破谣言,重振市场信心,腾讯更是连续 5 个交易日回购股票,总计回购 297.57 万股,涉资约 5.9 亿元人民币。

......

在任何时候,腾讯都不拐弯抹角,总是用最真诚的方式与投资者们沟通。这样的做法看起来不聪明,却深得人心。

平衡稳定

资本参与一家公司的运作和投资,在无形中会对公司产生影响,如何平衡股东的收益与管理层决策自主性的关系显得十分重要。腾讯的第一大股东米拉德国际控股集团分公司(MIH,由南非报业集团控股)是一家总部在南非的投资集团公司,自 2001 年投资腾讯之后,双方保持了近 20 年的稳定关系。这样的状态,对腾讯的发展无疑是有利的。

MIH 致力于在新兴市场投资新媒体公司,在 IDG 和盈科都对腾讯失去信心的时候,它却看到了腾讯的价值。在投资腾讯的谈判中,MIH 提出的估值达到 6000 万美元。最终,通过收购盈科和 IDG 手中的腾讯股份,MIH 以持股 32.8% 的比例如愿成为腾讯第一大股东。

MIH 的意外到来,既为腾讯扩充资本提供了充裕的资金,同时经过接手前东家 IDG 和盈科的股份，改变了之前的股权结构，为腾讯之后的上市打下基础。在 2003 年，为了给上市做准备，腾讯从 IDG 手中收回了其最后仅有的 7.2％的股权，再通过购回 MIH 的部分股票，形成了腾讯和 MIH 各占 50％股份的格局。

2004 年，腾讯上市，通过增加股本，稀释了现有股东的持股比例，MIH 持股比例降到 37.5％。MIH 虽然是腾讯的第一大股东，但是马化腾带领的腾讯团队与 MIH 之间似乎保持着微妙的平衡。

资本与企业的关系是多方面平衡的结果，资本在控股企业的同时，也会对企业产生无形的影响。企业的重大决策也要得到股东大会的支持，互联网企业是需要快速决断，速战速决的，市场的机会转瞬即逝，不仅要提前做好布局，更需要雷厉风行的决策。如果管理层的决断遇到股东的犹豫，很可能会造成企业的损失。

幸运的是，MIH 充分信任马化腾团队，在投资之初就放弃了所持股份的投票权。因此，马化腾持有腾讯的股份比例虽然不高，但公司的具体经营管理主要还是由他和几位联合创始人来决策。

而在分红权方面，马化腾实施了优厚的政策，他增加了分红的次数和额度，充分保证了大股东的利益。由此，马化腾在充分顾及股东的利益的同时，保证了充分的决策自主权。虽然这个并不是值得大书特书的优势，但对当时不断壮大发展的腾讯来说十分重要，它为腾讯的扩展并逐步成为中国互联网的龙头企业起到了保驾护航的作用。

腾讯之后不断推陈出新，做了游戏平台、微信，还进军大数据，腾讯能够如此迅速地在互联网领域形成规模并不断壮大，离不开核心管理层的快速决断。如此顺畅的发展路径，不难想象，技术与资本之间的平衡关系对此起到了无形的保障作用。

如今，腾讯的分红已经成了南非报业集团的重要现金流。从买入腾讯股份开始，南非报业只拿分红，从来没有卖出过一张腾讯股票。无论股价狂涨还是急跌，南非报业从未动摇过对腾讯的信心，这种信任令人感动。

南非报业集团现任 CEO 鲍勃·范迪克在接受媒体采访时常说："腾讯管理团队，无可争议的是世界上最强有力的管理团队之一。这个强有力的团队，与中国这个仍然具有巨大增长潜力的市场结合在一起，让我们只能说，我们对腾讯有着充分的信心。"

有趣的是，在腾讯就任国际业务部高级执行副总裁 16 年之久的网大为（David Wallerstein），就是从 MIH 跳槽而来。当年，将腾讯推荐给 MIH 的就是网大为。目前，他的另一个身份是腾讯公司首席探索官，负责寻找能在前沿领域实现技术突破的公司，然后做早期投资。

随着腾讯在国内外投资业务的增加，它将成为更多企业的投资人。之前与股东相处的经验，有助于腾讯处理与其他企业之间的关系，为更多的初创企业提供成长机会。

精简的股东结构

股东拥有对公司股份的控制权，并在一定程度上代表着对公司的影响力。股东结构是整合、平衡各股东之间关系的工具，如果股东结构过于复杂，可能不利于上市公司内部高层的协调和统一。因此，健康的股东结构是上市公司平稳运行的保证之一。

  1999 年,腾讯拿到的第一笔投资款是从 IDG 和盈科那里得到的,此时的股权结构是马化腾的团队持有腾讯 60％的股份,IDG 和盈科各自持有 20％。同时,他们为腾讯融资 220 万美元。这笔投资款在当时是帮助腾讯摆脱困难局面的救命稻草。此时马化腾团队还保持着控股权,而盈科和 IDG 可能也只是试探性的投资,他们也在考量腾讯的未来升值空间,所以占股比例并不高,股东结构是简单明了的。

  到了 2001 年 6 月,由于当时美国纳斯达克指数的大幅跳水,引起了互联网泡沫破灭的危机,再加上 IDG 和盈科在其他投资项目上也遭受损失,因此希望卖出腾讯股份以规避市场风险。这时,MIH 出现了,并接手了盈科手中的腾讯股权,又收购了 IDG 手中的 12.8％的腾讯股权,此后还向腾讯发行了可转债,成为腾讯的第二大股东。

  此阶段,腾讯的股权结构是马化腾团队持有 60％的股份,MIH 持有 32.8％的股份,IDG 并未全部卖出腾讯股份,还留有 7.2％的股份,马化腾仍然保持控股权,股东结构虽稍有变化,但仍然比较简单。

  2004 年,腾讯上市,股东结构变为马化腾团队持有 37.5％的股份,新进入的 ABSA Bank(南非联合银行集团)持有 10.43％的股份,MIH 持有 37.5％的股份。此时,上市稀释了股权,并新加入了 ABSA,但是马化腾团队仍然持有与 MIH 相当的股份,并且大股东数量并不多,股东结构比较合理,也有利于马化腾团队有效发挥团队的智慧。

  据腾讯集团 2016 年财报显示,MIH 共持有腾讯 33.25％的股份,马化腾仅持有 8.73％,还有摩根公司持有 6.68％,高端数据服务公司(Advance Data Services Limited)持有 8.73％,另外 MIH 在腾讯还有两位非执行董事。

不难看出,腾讯的股东结构从一开始拿到第一笔融资到现在的演变过程中,马化腾在前期都是处于控股地位,并且股东数量并不多,结构精简,这对一个初创型企业是比较有好处的。

股东数量多会有利于公司融到更多的资金,比如阿里巴巴集团的股东结构,有软银、雅虎、蔡崇信和马云等。但其弊端是,复杂的股东结构可能会增加股东之间的权益之争,这也不利于初创企业的内部团结和稳定,也会影响到公司的决策和发展。

腾讯这样精简的股东结构不失为一种高效的模式,这样既有利于股东的稳定,也有利于马化腾团队保持独立自主性。到了后期,马化腾的持股数不断减少,但是公司仍然突飞猛进地发展,不难想象,这也与公司稳定的股东结构不无关系,而内部权力关系的稳定是公司发展的重要基石。

公益关系：用科技管理爱心

2017年9月，"一元购画"在微信朋友圈迅速刷屏，传播速度惊人。

此次的"一元购画"募捐活动由腾讯公益平台发起，画作均由 WABC 无障碍艺途公益机构患有自闭症、智力障碍、脑瘫等病症的特殊人群创作，微信用户可以以一元钱的价格购买画作，保存成壁纸使用。

这些作品背后的作者"小朋友"是一群特殊的人，他们的年龄从几岁到40多岁不等，他们均患有自闭症、脑瘫、智力障碍、精神障碍等病症。这些病症让他们无法向正常人一样走向成年。这是腾讯公益的一次新尝试。借助腾讯在移动社交领域的入口，公益在"互联网＋"时代拥有了其特殊的影响力。

相信许多人都有这样的经历：单位组织捐款时，同事之间就会不自觉地比较金额大小。有的人捐得多，不是因为爱心，而是为了面子。然而捐得少就代表着不够有爱心吗？当然不是。更可怕的是，久而久之，本来想少捐赠一点的人选择了不捐,献爱心的人反而变少了。因此,在公益事业中,深谙人性也是一门大学问。

公益这件事情看似简单,却是很多人想做但没有做成的事。2011年的"郭美美事件",让许多人对公益望而却步,甚至产生了深深的怀疑。公益之难,就难在管理。如何管理捐赠人?如何处理和受捐者之间的关系?如何管理和分配善款……在互联网没有得到充分应用之前,公益活动中的各个环节无法打通,这些问题都无从解决。只有打通各环节之间的壁垒,才能真正实现公益事业的透明化管理。

娱乐化+移动社交化

"只要人人都献出一点爱,世界将变成美好的明天。"这样的道理大家都懂,但要真正做到"人人都献出一点爱",并不简单。值得期待的是,我们可以看到,在互联网时代,全民公益正在迈向新的台阶。在技术的帮助下,或许有一天,全民公益会成为现实。

从腾讯的全民公益中,能够清楚地看到"娱乐化+移动社交化"的特点。这两大方式,让全民公益的管理变得更轻松透明。

2016年,在腾讯举办的"99公益日"①期间,随手打开微信运动,即可把当天积累的步数通过"益行家"平台捐出去;刷刷朋友圈,便能与你的朋友一起,为某个公益项目"一起捐";通过腾讯手机管家或者电脑管家清理垃圾,便会有企业捐赠一笔钱给公益组织并完成相应的公益项目;在线下体验区,扫

---

① "99公益日"是由腾讯公益联合数百家公益组织、知名企业、明星名人、顶级创意传播机构共同发起的一年一度的全民公益活动。——作者注

一扫名画封面,就会出现微笑的蒙娜丽莎呼吁大家关爱兔唇患儿,被雾霾遮蔽的凡·高星空倡导大家为大气环保项目捐款;而在 CoCo 都可茶饮、太平洋咖啡门店,传统的线下捐款箱变身为"电子捐款箱",顾客在完成支付后,选择"随手捐",就可以与企业合力捐一元钱(如用户任意捐出零钱,企业补齐 1 元)……

在 NOW 直播、QQ 空间、腾讯直播和兴趣部落上,唐嫣、赵丽颖、黄景瑜、冯绍峰、李冰冰等明星陆续现身,为保护穿山甲、免费午餐等公益项目发声,共吸引超过 2600 万人参加公益互动;腾讯游戏《地下城与勇士》(DNF)官方联合企鹅电竞、龙珠、斗鱼等 6 大直播平台齐齐行动,为乡村小学体育包公益项目贡献力量;著名的微博大 V"故宫喵"则通过 NOW 直播、QQ 空间直播、腾讯直播三大平台,以猫眼的视角带网友参观故宫博物院,吸引了 208 万人观看,而直播过程网友打赏的"猫粮"道具折合成现金后都会捐赠给流浪猫基金会。

通过"娱乐化＋移动社交化",公益变得有趣好玩又充满意义,并且在指尖就能完成,大大调动了人们的参与性。同时,在技术的支持下,监督变得可见、可追踪,公益透明化不再是难题。最有价值的是,这种方式让爱心重新回到了人们的心中。马化腾在一封发给员工的内部邮件中表示,"99 公益日真正的价值,不在于短短几天的捐款数额",而在于让"指尖公益"融入每个人、每一天的生活中去,这才是"99 公益日"的真正意义和初心。

智能化＋责任感

2017 年 6 月 27 日,通过对一张八岁旧照片的数据对比分析,一位走失多年的 19 岁男孩重新回到了家人身边。这位男孩的体貌特征，相比 8 岁时已经有了较大的变化，但 QQ 全城助力"人脸寻亲"仍然实现了准确的匹配，成功帮助男孩找到了回家的路。

对于许多寻亲家庭来说，等待亲人归来的时间是非常漫长的，有可能需要寻找几年甚至几十年。而在这期间，人的容貌是会变化的，尤其是小孩，这为寻亲带来了极大的麻烦。在多年之后，也许失散的双方在街上擦肩而过都无法认出彼此，这是让人极为痛苦的。

腾讯优图实验室深入研究人脸识别技术，通过深度学习五官的变化规律，实现了跨年龄人脸识别。寻亲者只需要上传走失人员的照片，即可通过高达每秒 5000 万张的速率，在千万级失踪人口人脸数据库中进行检索比对，即时呈现比对结果，识别准确率超过 99.99％。即使失踪人口库中登记的是失踪者成年后的照片，也能根据小时候的照片进行匹配，帮助他们找到亲人。

在 2017 年戛纳国际创意节上，优图实验室的人脸识别技术在"Cyber Lions"（网络创意）竞赛单元摘得"Use of Social Data & Insight"（社交数据洞察应用）金狮奖，同时还斩获"Mobile Lions"（移动类创意）竞赛单元铜狮奖。

"QQ 全城助力"项目负责人冼业成表示："科技的温度就在于能够利用技术做更多对社会有益的事情，借助移动互联网技术，人人都可以在指尖上做公益。正是来自每一个热心用户的支持与帮助，让 QQ 全城助力有信心去解决一些社会问题，让更多的人能真切地体会到科技的温度。"

不过，任何系统都会有漏洞，腾讯公益是一个大平台，在这个生态中，也会有不尽如人意的事情发生。

2017 年 11 月 28 日，公众号"P2P 观察"转发了一篇题为"罗一笑，你给我站住"的文章,引发了热心网友的关注。文中的小女孩身患白血病,深圳小铜人互联网金融公司创始人刘侠风联络到她的父亲罗尔,邀请这位父亲通过该公司公众号"P2P观察"平台发布求助文章,并承诺网友每转发一次就可以获得该公司1元的捐赠(上限为50万元)。

这一事件迅速点燃了朋友圈的热情。网友顺藤摸瓜,摸到罗尔的公众号,不断给其打赏。事件持续发酵,到11月30日凌晨达到一个顶点。11月30日零点一过,大批打赏一拥而上,冲进罗尔的微信公众号,直接冲破了微信设置的5万元赞赏上限,两小时就自发打赏超过200万元。这是女孩父亲、赞助公司和腾讯都不曾想到的情况。

如此,一个公益事件变成了一场风波,而腾讯也牵涉其中。在发现打赏金额异常后,微信紧急采取冻结措施,然后与当事人罗尔取得了联系,协商解决方法。不到一天时间,经过深圳市民政局、罗尔及腾讯的充分沟通后,微信官方公众号"微信派"在12月1日下午发布了《关于"罗某笑事件"赞赏资金的说明》,称:

1. 微信公众号"罗尔"的注册使用人罗尔先生将《罗一笑,你给我站住》一文的全部赞赏资金、2016年11月30日网友当日全天所有文章的赞赏资金原路退回至网友,经核算,共计2525808.99元。

2. 与此事相关的另一个微信公众账号"P2P观察"的注册使用人刘侠风先生将该微信公众账号下《耶稣,请别让我做你的敌人》一文的全部赞赏资金原路退回至网友,经核算,共计101110.79元。

3. 微信平台将在3天内(12月3日24:00前),将上述两个账号共

2626919.78元的赞赏资金原路退回至用户零钱包。

4. 如有用户未能按时收到款项,请将个人微信号、款项支付时间、赞赏金额发送邮件至:weixinzanshang@qq.com。

至此,意外的善款得到了较为妥善的处理。在该事件之后,社会对网络公益进行了一轮热烈讨论。个人求助与慈善募捐的区别何在?法律是否需要限制个人求助?该不该相信个人求助信息?人们对这些问题进行了讨论和反思。而其中一个重要问题是,腾讯这样的平台,在其中承担着怎样的责任?应该如何履行其义务,又应如何引导和保护网民的公益行为?

科技带给企业的不仅是美好的未来,也有更大的责任。正如U型理论创始人、美国麻省理工学院教授奥托·夏莫(Otto Scharmer)在评论"罗一笑事件"时所说的那样,每一个重大事件的发生,其实都是社会的一次进化,社会都要付出成本,所以我们要努力产出,完成一个好的进化。对于公益的管理亦是如此,在实践中改进管理方法,事情就会朝着更好的方向发展。

激活合作伙伴

2017 年 10 月 30 日,在"腾讯全球合作伙伴大会"开幕前,马化腾在《给合作伙伴的公开信》中直接抛出了构建"数字生态共同体"的概念。腾讯首席运营官任宇昕在合作伙伴大会上更以《数字经济时代的开放与创新》为主题发表演讲,进一步诠释了腾讯对"数字生态共同体"的理解。他表示,"腾讯将通过连接智慧化、内容生态化以及技术云化这三大举措助力合作伙伴"。

在腾讯所倡导的"数字生态共同体"中,所有合作伙伴都能够像自然界里的各种生物一样发挥各自的多样性,与腾讯共同成长。但要真正实现这一抽象化愿景,腾讯依然面临着巨大的挑战。

从腾讯合作伙伴大会释放的信息来看,腾讯选择了"激活"的模式来构建合作伙伴关系。严格来说,"激活"是腾讯面对所有合作伙伴时所展现的态度,而非一种管理关系的理念。没有人希望被"管理"起来,合作伙伴更加不愿意"被管理"。

激活意味着提供力量延展的可能,原本静态的、区域化的力量在被窥见可能性以后迅速流动起来。局限在各自领域中的技术和内容,都可以通过合作联结得以释放。被激活的合作伙伴们能够在技术应用、产品体验、渠道分发等方面更上一个台阶。

腾讯官方表示,腾讯开放平台合作伙伴总数超过了 1300 万,截至 2017年上半年,腾讯与合作伙伴的分成收入超过了 230 亿元。开放平台的合作模式,为社会直接或间接创造了超过 2500 万个就业岗位。

如马化腾所言:"以前腾讯像个八爪鱼,什么都做。过去几年,我们逐渐回归到自己的核心业务,专注做连接,聚焦在内部称为'两个半'的核心业务上:一个是社交平台,一个是数字内容,还有半个是正在发展中的金融业务。核心业务以外的领域,都交出去给各行各业的合作伙伴。"

在这些合作者中,有游戏开发者、软件开发者、内容创作者等个体人士,也有媒体、银行、传播公司、文化公司等机构,涉及零售、游戏、视频、音乐等诸多领域。在庞大的合作者版图中,我们选择内容、直播 & 电竞、AI 三大领域,一窥腾讯的合作之法。

内容伙伴

在"内容生态化"方面,腾讯选择了针对性激活合作。由于内容是一个巨大且复杂的体系,身处其中的合作伙伴拥有不同的资源规模、不同的内容特质。与此同时,用户对不同内容的需求又随场景而变。腾讯在深入识别了这些需求差异后,需要结合自身产品体系和合作伙伴的规模、特质等因素,综合制定出有针对性的激活合作方案。

例如，在 QQ 音乐、全民 K 歌等音乐类产品中，合作模式主要体现为：由 QQ 音乐和全民 K 歌提供开放软件开发工具包（Software Development Kit，SDK）或开放平台（Open API），一方面在线下联合不同硬件厂商、集成商、AI 方案提供者等，为用户提供场景化技术及商业解决方案；另一方面在线上联合音乐领域资深音乐人、制作人等内容生产方，以故事形式与用户展开深入互动。其中，线下硬件合作者的代表有：TCL、康佳电视、小米智能音箱等，而线上内容合作者的代表有资深音乐人邓柯等。

具体到汽车的应用场景中，用户想在堵车时听什么音乐？他/她当下的心情是怎样的？他/她的音乐习惯如何？每一个点都可能影响用户的收听体验。如果某用户刚刚在 QQ 音乐的"发现"中查看了一则关于莱昂纳德·科恩的音乐故事并播放了其中的几首歌，汽车需要在什么时候为用户播放它们比较恰当？当然，这样的想象仅仅只是一个开始，当汽车等硬件能够更懂用户时，我们相信，以情感为基调的音乐内容能够在人们的日常生活中发挥更大的价值。

再举一例。腾讯推出的内容平台级产品"企鹅号"也践行了针对性激活的合作策略。它将合作伙伴分为三大类型：

头部：拥有强大资源积累的平台型公司。

腰部：以 MCN[①] 为代表的内容整合者。

长尾：以个体创作者为代表的内容生产者。

---

① Multi-Channel Network，是一种多频道网络的产品形态。——编者注

针对这三类伙伴,腾讯给出了不同的助力激活方案。任宇昕在分享中谈道:头部公司将通过 IP 培育、专项投资等方式帮助打通产业全链条,实现商业价值最大化。对于生态当中的腰部公司,尤其是对其中的 MCN 公司,企鹅号将会整合腾讯线上线下资源,用好开放平台的流量、开创空间和众创空间的能力,分领域、地域对这些腰部公司进行扶持,帮助这些公司做大做强。对于生态当中长尾的公司将提高分成规模,帮助这些长尾公司或者比较小的创造者实现更好的商业回报。

毫无疑问,在构建"数字生态共同体"的道路上,腾讯仍处于试水阶段,仍然特别依赖各大领域中合作伙伴的参与深度。但其"激活"合作伙伴、共建生态的思路蕴藏着极大的想象空间。它将如何说服更多伙伴参与到这场"改变未来"的生态革命中来?还会有多少协作者会卷入这次数字融合的风暴?这些问题有待破解。

自然生态中的物种关系因各自的需求而成型,它们在漫长的进化过程中总会趋向于构建有益自身存活的关系。同样地,在类似的逻辑框架下,腾讯想要构建"生态共同体",就势必要向数量众多的合作伙伴主动伸出自己的橄榄枝。而在关系构建层面上,橄榄枝怎么递、秉承什么样的规则都将直接影响生态的健康程度。

直播 & 电竞伙伴

与战略投资等强合作关系不同,腾讯选择弱连接形式与大量生态合作伙伴维持合作关系。这种关系表面看起来不够稳固,事实上却更能适应快速变化的大环境。参与其中的生态合作者首先必须具有自身独特的竞争力,腾讯会通过不同深度的合作模式将自己的技术、连接能力共享出来，协助它们扩大自己的力量，进而达成双方共赢。

2016年7月26日，腾讯宣布成立企鹅电竞，专注于连接电竞生态。自成立之初，企鹅电竞就提出开放生态的目标，平台合作伙伴包括内容生产者、游戏厂商、赛事主办方、高校、政府等。

一年时间内，通过开放产品、扩大流量、提高运营能力等方式，企鹅电竞平台吸引了超过150万名注册主播，拥有韩跑跑、小浪浪、阡陌、纤维、萌面酥、Dae阿风等头部主播。平台日活跃用户达到1200万，涵盖游戏、直播、社交、赛事四大模块业务。不过，这还只是企鹅电竞开放的起点。

2017年，企鹅电竞公布了未来更大程度的开放策略。比如，同《王者荣耀》的深度合作将以核心资源培养"王者主播大使"，以KPL①赛事合作、综艺曝光等方式独家扶持粉丝量千万级的王者荣耀官方主播；联动《穿越火线》，邀请明星独家直播、打造百万年薪明星主播等；与《英雄联盟》的合作集中于主播培养、独家优质内容授权发布及联合推广等方面，再造新"英雄"。

在与主播合作方面，企鹅电竞推出"千新星计划"，投入2亿元扶持1000位百万级主播和视频作者。以企鹅号、腾讯新闻、腾讯视频、天天快报等渠道作为内容分发渠道。另外，采取自制综艺、影视植入计划等方式，为主播提供优质上升通道，使主播明星化。同时，建立包括粉丝变现、流量变现、IP变现等多维度的商业变现体系，为主播创造更多的收益。

比如，企鹅电竞将和QQ孵化的IP衍生品平台——鹅漫U品合作，开发

---

① 《王者荣耀》职业联赛(King Pro League, KPL)，是官方最高规格专业竞技赛事。

明星主播的 IP 衍生品。有了鹅漫 U 品的加入,主播形象可以 IP 化,拥有与之相关的周边产品。有了更多的实际产品之后,主播就可以边进行直播边卖周边产品,实现粉丝和流量变现。

在 2017 年全球合作伙伴大会"电竞生态"分论坛上,企鹅电竞宣布创立高校电竞联盟,打造"电竞人才梦工厂"。这就意味着,企鹅电竞正在将用户变为合作者,把核心用户变为公司的人才。未来,除了校园电竞比赛之外,企鹅电竞将与高校有更深入的合作。比如,为"双一流"大学高素质学生群体提供实践培训,甚至会在高校选修体系中加入腾讯内部承接的课程,以此打通教育资源,建立电竞人才培养体系。

互联网分析师钱皓曾评价称,腾讯和网易站在国内游戏市场的顶端,两者占据了市场近七成份额,强大的研发能力、大量的 IP、优秀的发行渠道,让行业的马太效应进一步增强,中小研发团队的生存空间不断被挤压。长远来看,这对腾讯并不是件好事,蛋糕不做大,即便是垄断了市场也没有意义;选择开放,扶持优秀的第三方,实现共赢发展才是可持续之道。

除了企业电竞打造了直播平台之外,腾讯还创立了"NOW 直播"平台,关注日常生活、音乐等板块的内容。在"双十亿扶持计划"中,NOW 直播为优质合伙人提供了资金补贴和腾讯 IP 授权。在"百亿流量扶持"中,又将腾讯全平台超过 100 亿的流量资源"贡献"出来;同时推出"NOW 直播造星计划",预计扶持 100 位月流水超百万元的优秀主播。

腾讯即时通信应用部副总经理吴奇胜表示,NOW 直播不希望局限在某几家合作伙伴或限制在某几个类型。平台还将出台更多的扶植政策,把这个生态正循环起来,在这个生态里边走得更前面,商业化的能力也更强一点。

NOW 直播将连接开放、多元、孵化、扶持、品牌,形成生态闭环,打造直播新生态。

未来 AI（Artificial Intelligence，人工智能）伙伴

"与很多公司所提出的'ALL in AI'不同,腾讯在 AI 上的战略是'AI in ALL'。"在 2017 年全球合作伙伴大会上,任宇昕如此读道。据称,腾讯"AI 生态计划"将开放 100 项 AI 技术,孵化 100 个 AI 创业项目,推出 300 个"云＋创业百万扶持计划",触及 1000 个 AI 领域的合作伙伴。

未来,在零售、医疗、音乐、翻译、机器人、汽车、金融、安防、社交、内容、游戏等领域,都会出现腾讯 AI 的身影。为了聚合各方力量,腾讯提出"AI 加速器"计划,用于扶持新兴 AI 创业者。

在资本层面,腾讯投资联合英诺天使、蓝驰创投、松禾远望、金沙江、北极光、IDG、创新工场、高榕资本等投资机构,为 AI 创新项目保驾护航。截至 2017 年 11 月,入选项目总估值从 70 亿元增长至 150 亿元,其中 15 个项目的融资总额已达 16 亿元。

在 AI 技术应用层面,腾讯也在积极连接跨行业的合作机构。比如,腾讯发布了"腾讯觅影"AI 医学影像产品之后,就与中山大学附属肿瘤医院、广东省第二人民医院等医疗机构合作,实现了新技术的应用。据称,"腾讯觅影"用于早期食管癌智能筛查,筛查一个内镜检查用时不到 4 秒,对早期食管癌的发现准确率高达 90％。随着应用的投入,新技术有望有更亮眼的表现。

2016 年,腾讯成立 AI Lab,聚集了全球数十位人工智能科学家、70 位世界一流的 AI 博士及 300 多位经验丰富的应用工程师。目前,AI Lab 研发出

的技术已应用到了微信、QQ、天天快报和 QQ 音乐等上百个腾讯产品中。

另外,在 AI 顶级学术会议 CVPR、ACL、ICML 和 NIPS 等衡量研究能力的会议中,腾讯被收录论文 80 多篇。任宇昕表示:"未来腾讯研发的所有 AI 技术也不是关起门来服务自己的产品,而是开放给全行业。"

人工智能领域顶尖科学家、腾讯 AI Lab 主任张潼在《让 AI 无处不在》的演讲中谈道,一方面,为了让行业共享大生态,腾讯将针对中小从业者与合作伙伴,共享 AI 基础能力,如通过腾讯开放平台,开放算法、数据到模型等 AI 基础能力,并为从业者提供方便易用的以 API 和 SDK 为主的 AI 服务解决方案。另一方面针对传统行业,通过"行业 AI+X"计划与 AI 创业者的扶植开放腾讯 AI 能力,推动 AI 在更多垂直领域台落地。

在 AI 无处不在的时代,对于大公司来说,最好的选择是打造开放的平台,为中小企业提供开发能力,创造更好的研发环境。而中小企业就可以深耕垂直领域,专注于技术和产品研发。

然而,随着 AI 的渗入,人们意识到了新的问题。比如,在腾讯视频推出的娱乐选秀节目《明日之子》中,就出现了一位虚拟人与真人歌手同台竞争,引发舆论热议;阿尔法狗(AlphaGo)打败人类职业围棋选手的新闻让人震惊;而机器人会替代人类的传闻也一直存在。未来,如何管理人类和 AI 的关系,已然成为一个课题。

此外,在 AI 的应用方面,也给管理带来了挑战。

2017 年,无人机市场就受到了"黑飞"①事件的巨大影响。仅 4 月份,成

---

① 在中国,任何未取得民航总局或有关部门许可的飞行都称为"黑飞"。

都、杭州、大连、南京、上海就发生了 13 次无人机影响航班运行事件。此类"黑飞"事件频发,把无人机行业推到了风口浪尖,而舆论又集中把矛头指向了行业老大——民用无人机生产商大疆创新科技有限公司(DJI-Innovations,DJI)。

据《大疆无人机:全球科技先锋的发展逻辑》一书记载:

> 针对黑飞事件,虽然澄清了并非自家产品所为,也相继发表了专业技术监管等建议,并发起悬赏"黑飞"举报者的行动,但大疆仍然受到了多方质疑,销量受到影响而下滑。甚至有传言称,大疆受到"黑飞"影响,将要退出中国市场,导致大疆不得不紧急辟谣。

为了更好地管理民用无人机市场,中国民航局下发《民用无人驾驶航空器实名制登记管理规定》,要求自 2017 年 6 月 1 日起,民用无人机的拥有者必须按照本管理规定的要求进行实名登记。另外,工业和信息化部也下发通知,要求自 2017 年起,每年按照地域对国内民用无人驾驶航空器生产企业和产品信息开展摸底统计。

可以预见的是,在与人工智能结合的各领域,还将出现许多新问题,亟待规范管理。比如,机器人在程序设计上如果有偏差和问题,所产生的错误如何界定? 在大范围应用过程中,如果造成伤害,该如何界定法律责任? 人类如何与智能机器和谐共存? 等等。伴随着这些隐藏的问题,人工智能发展之路任重而道远。

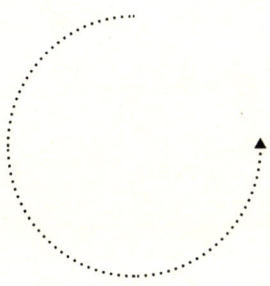

第五章

管理文化：
穿透表象见真经

管理的目的不是管理人，而是激发人。因此，管理靠的不是制度，而应该是文化。现代管理学之父彼得·德鲁克在《管理》一书中也说："管理不只是一门学科，还是一种文化。"

所谓管理文化，就是将企业上下众人结合在一起的标准和行为方式。在这个知识与变化的时代，怎么培养一批忠实的追随者，怎么激发全员的创新精神，怎么建立快速有效的沟通机制，显得愈发扑朔迷离。而大凡高明的管理者，都会将自己变成一个思想家，以自己独特的思想认识，塑造出一个独特的管理文化。

腾讯之所以是腾讯，不仅仅因为它是中国互联网界的标杆企业，不仅仅因为它在诸多领域做到了业绩领先，还因为它有自己的管理文化。这种文化的出现，就是腾讯管理者穿透企业纷繁复杂表象的深邃思想力的最佳体现。

赛马机制

有这样一个大家都熟知的故事——"伯乐相马"。故事的主人翁"伯乐"是一位对马非常有研究的人。有一天,伯乐受楚王的委托,为其挑选能日行千里的骏马。他去了很多国家,一直没有找到让自己十分中意的良马。

最后,他在回楚国的路上寻到了自己想要的那匹马,一匹在路上正吃力地拉着盐车的瘦马。一匹拉盐车都迈步艰难的马会是一匹千里马吗?盐车主人觉得伯乐是个傻子,在他眼里,这匹马实在是太普通不过了,拉不动车、吃得太多且长得还骨瘦如柴。

但伯乐却坚持自己的看法,说:"这匹马在疆场上驰骋,任何马都比不过它;但用来拉车,它却不如普通的马。你还是把它卖给我吧。"

伯乐牵走了千里马,回到了楚国。楚王一开始看到瘦马,觉得伯乐是在愚弄自己,但之后马夫尽心尽力将马喂好后,却印证了伯乐的说法,这匹马是一匹千里马。

因为伯乐的慧眼识马,楚王才能得到自己想要的千里马,千里马尽管所处的位置与它的能力极度不符合,也能够被伯乐挑选出来,得到可以充分发挥自己才华的机会。

今天,伯乐这样的角色同样十分重要。可随着时代的进步和市场高速的发展,企业数量越来越多,人才需求也愈加旺盛,伯乐寻人的速度已经赶不上需求的增加了。

并且许多伯乐的个人喜好也不一样,因此,单纯想要依靠伯乐慧眼识才去筛选人才,本身就有限制,主观性强,即使是"千里马"也可能会被看错,这也降低了"千里马"被挑出的速度。

那是否只能企业方的"伯乐"挑选"千里马","千里马"是否可以自荐?答案是肯定的,在腾讯、海尔等企业,有一种共同的人才选拔的文化,即"赛马机制"。

虽然"赛马"与"相马"之间只有一字之差,但是带来的效果却完全不一样。赛马机制赋予了"千里马"主动性,通过赛马,形成了一种不是人挑"马",而是"马"自荐的局面。

那些起初没有被"伯乐"看上的"马",可以凭借自身的努力,充分施展才能,在赛马比赛中超越对手,获得胜利,让伯乐看到自己,这是一种将前途握在自己手上的比赛。

这样的比赛能为企业带来更多的需求人才,更能发挥人才的积极主动性。正如海尔CEO张瑞敏曾说过的那样:"给你比赛的场地,帮你明确比赛的目标,比赛的规则公开化,谁能跑在前面,就看你自己的了。"

2017 年,腾讯跻身"2017 年全球最具品牌价值 500 强",从 1998 年 11 月成立之初到如今的互联网大亨,这只企鹅已经走过了 20 个年头,但它却并没有随着时间的推移走向衰落,反而变得越来越强壮。

互联网行业一直在高速发展,对手的数量永远比你想象得多,任何企业的任何产品随时都存在被颠覆的可能,稍有不慎,企业或个人就会被市场淘汰掉,那腾讯到底是如何立于互联网行业顶端且长久保持屹立不倒的呢?

腾讯永葆生机、永不满足于现状且对未来充满想象。无论是腾讯自身的创新追求、对用户体验的重视,还是花费大量力气聚拢人才等,都是腾讯发展态度的表现,而"赛马机制"在这其中为其提供了强有力的辅助。

通道敞开,不怕内斗,公平竞争,达到共赢。以微信和 QQ 为例,它们都是腾讯公司旗下的聊天软件,且很多聊天功能还比较相似。当张小龙带领微信走上逆袭之路后,微信全民爆红,随之而来的便是微信对用户的瓜分,甚至有许多用户直接弃用了 QQ,转移到微信上。

微信和 QQ 这样搞内斗,腾讯岂不是两败俱伤? 其实不然。QQ 比微信研发出来的时间早得多,至今已有十多年的历史,用户对 QQ 附加功能更加熟悉,QQ 的设计和功能也十分吸引年轻人的目光,有一批忠实的年轻用户。

而微信的产生其实也并不是与 QQ 竞争的结果,而是腾讯为了抢占移动端市场而使出的奇招,这款操作简单、界面简洁、支持语音的软件,吸引更广泛人群(包括中老年人)的使用,特别是语音聊天功能的设计更是加深了微信在用户心中的地位。

由此可见,微信与 QQ 虽然同样都是聊天软件,但还是有许多区别的,两者都对用户有吸引力,它们的用户也有大量重叠。表面上看着双方"杀得十分火热"，但也能从它们身上看到"赛马机制"带来的有利影响。

相互竞争又互补，最终达到共赢。"内斗"的 QQ 和微信为腾讯开拓了更广的疆土，双方在竞争中不断创新，丰富自己，提升自身的市场竞争力，同时双方的赛马竞争也让对方有了成长。

从腾讯来看，微信的存在，让 QQ 更有危机意识，从而开发出更多的潜在用户，因为两者同属于腾讯，因此微信为腾讯带来的用户，变相也成了 QQ 的潜在用户，而微信的许多设计也弥补了 QQ 的不足，双方互补，减少了被市场其他产品取代的风险。

2013 年 11 月 8 日，在中国企业家俱乐部理事互访 TCL 站的演讲中，马化腾曾说："即使是像 QQ 已经有每个月超过 6 亿的活跃用户，但是在这个领域里面依然有创新或甚至差点被颠覆的可能性。坦白讲，微信这个产品出来，如果说不在腾讯，不是自己打自己的话，是在另外一个公司，我们可能现在根本就挡不住。"

腾讯将 QQ 与微信进行"比赛"，也是一种应对市场风险的举措，通过"赛马"使自己时刻保持清醒，提高自身的市场竞争力，谁行谁上，先在内部进行一番较量。

就像微信之父张小龙，谁能想得到那样一个文艺内敛的理工男能够带领团队做出爆红的微信呢？而在微信申请阶段，腾讯内部也有几个类似的项目正在开发，若是马化腾选择了其他项目，可能就不会有今天的微信了。

不得不说，腾讯内部竞争的方式确实为好的项目提供了机会，这种"谁行谁上"的赛马机制也是一种进化法则，在内部进行优胜劣汰的筛选。

海尔也是这样重视赛马机制的建立，从而拥有良性的用人机制，招徕人才。

"如果把企业比作一条大河,每个员工都应是这条大河的源头;员工的积极性应该像喷泉一样喷涌出来,小河是市场、用户。员工有活力必然会生产出高质量的产品,提供优质服务,用户必然愿意买企业的产品,涓涓细流必然汇入大海。"海尔首席执行官张瑞敏说。

重视"赛马",海尔为此建立了一系列赛马规则,比如海豚式升迁制度,三工并存、动态转换制度,届满轮流制度,竞争上岗制度,在位监督控制和较完善的激励机制等,都是其对良性内部竞争的推崇。

"赛马不相马"的海尔将每位员工都纳入公平竞争的赛场中,每个人都有一个市场,都是一个市场,干得好的会盈利,干得不好的就要亏钱,这种方式也大大提升了员工的职业精神,把每位员工的积极性也调动了起来。

从家文化到企业文化

21世纪是知识经济时代，企业竞争愈加激烈，从表面看企业之间的相互竞争还是以产品为主，但其实随着市场的开放、信息全球化的发展、产品各项成本的降低，支撑企业进行市场竞争的其实是企业的文化竞争。正如企业管理界流行的那句话："小企业做事，大企业做人，一流企业做文化。"

文化不是纸上谈兵，企业有怎样的文化，发展格局就有多大。乔布斯说："文化不是纸面上怎么宣传，而是信仰什么，如何思考，如何做事。"腾讯是一家十分注重文化的公司，其中家文化特色尤为明显，相应地，腾讯的福利体系建设也非常完善。

腾讯在初创时期和许多中小企业一样，都十分重视家文化的营造。因为小公司在创业初期的基础配置与大公司相比有很大的差距，体系构建不完善，实质性的福利待遇与具有完整体系的大企业还有一定距离。

因此许多创业公司就会以文化作为切入点，而渗透员工心灵的家文化则成为员工接受度最高的企业文化，会加快员工归属感的建立，即使公司条件简陋，也会激发员工的积极主动性，从而减少人才的流失。

腾讯家文化的浓厚，也得益于其初创时期组建的团队成员。小个子马化腾在初二转学时认识了同班同排的许晨晔，那时他所处的学校还扩招了两个班，这两个班里就有腾讯另外两位创始人：陈一丹与张志东。

这样的经历仿佛是上天的安排，也为后来腾讯的创立埋下了萌芽的种子，创始人很久以前处于同一片土地，对这片土地拥有同样的情感，相互之间有一定的情感纽带，这也使他们后来就像家人一样，创业初期付出全部真心，与同伴为了同一个梦想共同努力奋斗着，在企业条件还有限时，也能相互理解，不计较物质的回报，创业则顺其自然地发生了。

在 1998 年春节后的一天，马化腾约了那时的几个伙伴聊天，在聊天的过程中，他说："我们一起办一家企业吧。"短短的一句话，为庞大企鹅帝国的建立拉开了序幕。

就业务而言，腾讯在创立之初，没有像许多大公司那样有一个详尽的业务划分，大家在业务处理上，很多时候是商量着来，各自分管一部分业务，有极大的包容性和灵活性。

创始人曾李青回忆说："我与马化腾、张志东第一次就公司成立的事情见面，是在龙脉公司的那间小办公室里。关上门，我们简单地分了下工，马化腾负责战略和产品，张志东负责技术，我负责市场。"

2017 年 8 月 9 日，在首届粤港澳湾区青年营上，马化腾回忆腾讯从创业到壮大的路上创业团队成员的相处模式时说："最大的问题是成长过程中大家遇到一些问题能不能有商有量，能不能齐心携手度过以及能不能得到投资者的支持。"

可以看出，腾讯在创始之初，家文化氛围浓厚，相互之间有紧密的情感纽带，使尽管在物资各方面都未达到高福利高收入的条件下，大家仍然能撸起袖子，激情澎湃地往一处使劲儿。

随着企业的不断发展，业务流程复杂化、人员配置多样化，单一以情感为纽带去发展公司的制度，已经不适应市场的发展。举个简单的例子，你向陌生人借钱，说等我以后有钱了再还，一般情况下，你的请求不会成功。

而随着企业的人员增多，陌生的员工来自天南海北，在这些人面前打感情牌，许多人是很难接受的，这时家文化的影响力相较于小规模员工就弱了许多。

不光是员工的接受度，从企业本身出发，当公司规模较小时，领导还可以随时与各个员工进行一些情感交流。但一旦公司规模壮大之后，这种领导交流的方式就变得不现实。并且在创业初期，为什么说家文化更适合企业的发展？因为为了留住人才或提高员工的积极性，企业用家文化去管理员工，会建立极大的包容制度，这是许多大公司没有的。

举个例子，以考勤制度为例，小公司的考勤一般是比较宽松的，公司规模小，很多时候，只要员工能够按时完成任务，对于考勤，许多领导都会睁一只眼闭一只眼，但这种情况在许多大公司是不允许的，因为一旦考勤出现水分，整个公司的制度规章就会混乱，不利于对人员的管理。

所以，家文化的管理模式比较适用于中小企业，而一旦企业发展到一定规模，家文化的效果反而并不明显，当企业发展到一定规模，就需要一定的规章制度进行管理,毕竟制度对于员工来说,还是有一定的约束力的,用制度管人也能解放领导,让他们去做更有意义的工作。

以腾讯为例,曾经腾讯花了大量工夫在做员工福利,强调家文化,企业对员工照顾有加,领导像家长似的对待员工。但就在这样的高福利的情况下,也仍会有许多员工对福利不满。众口难调,好了还要更好,这是许多人都有的心态。

而许多在腾讯工作的员工离开腾讯后又发现,原来觉得习以为常的腾讯福利,许多其他公司都是没有的。所以,其实高福利、高包容度也会带来一些弊端。

由于过于强调好待遇、好福利和家文化,员工也格外关心福利待遇水准,这会为企业带来许多不必要的支出。过好的福利也是一种对员工的纵容,很多时候员工就会经受不住诱惑,贪图享乐,反而导致工作懈怠,拉低工作效率。

那怎么将初创期建立的家文化,过渡为适合企业持续壮大所需要的企业文化呢? 怎么在小公司发展为大公司后还能保持一些家文化色彩呢?

腾讯企业文化与员工关系部副总监张铁军认为,企业在建立企业文化时,首先要让企业员工意识到自己的职责与责任,让员工树立一种踏实勤奋的理念,而不是让他们认为企业是一个可以享受安逸生活的地方,这会消磨他们的意志。企业不是一个让员工养老的地方,而是一个让人奋斗、成长的大家庭。

腾讯在发展壮大后就很注重企业文化的培养,以校招为例,以前招人时对学生讲企业家文化,企业有许多好福利,待遇也非常不错。但现在校招时,就会明确告诉面试者,腾讯想要的"、"是"有梦想的实力派"。

随着文化的变革，员工福利也更有针对性。若是员工对企业的某项福利不满意，那就取消这项福利。腾讯正在从浓厚的家文化色彩转向更符合现今发展，带有少许家文化影子的企业文化，在这种文化下催生了既包容又理性的管理制度。

这种管理制度是一种以目标和关键事件为导向的做法，由于传承了初创时期的家文化，现今的企业文化也十分重视相互之间的沟通。直接表现就是，腾讯在为每位员工制定项目目标时，不是像许多其他企业那样，领导直接分配，员工只能被动接受，而是由员工和自己的直接上级共同制定目标，双方达成一致之后再去执行。

并且，目标也是可以灵活调整的，不像直接考核 KPI 那样死板，腾讯的员工在执行项目时是灵活自由的，只要目标不变，许多事件都能灵活调配；对员工时间的考核也是如此，既沿袭了家文化特色，又融合了必要的考勤制度，制定了一套灵活的时间考核制度。

举个例子，腾讯的考勤许多都是从项目组出发的，许多项目组并没有严格地规定员工必须早上 9 点到公司，下午 6 点才才能下班，只要在规定的时间内完成手上的任务，保证规定的坐班时间，其余时间员工可以灵活安排。

当然，员工领取的项目任务都是与自身的能力及时间相匹配的，这就增加了员工的自由性与自我管理的主动性，形成了一种现象：许多员工早上很晚到公司，但是晚上会自觉加班完成任务。

家文化是一个黏合剂，当腾讯发展壮大后也未将其抛弃，结合家文化的理念，建立了一套属于自身的企业文化，为企业员工带来了既紧又松的执行理念，让员工产生归属感的同时，又能充分发挥工作的积极性。

自我管理的主人翁意识

深夜 10 点到 11 点,路上的出租车已经很少了,但是在某个公司的门口,就像机场的出站大厅一样,出租车排起了长长的队伍,生意十分火爆,打车的人如果不积极寻找,很可能很久都打不到出租车回家。这个热闹的地方就是深夜的腾讯大厦楼下,而晚上 10 点到 11 点是腾讯员工的下班高峰期。

还有一个公司 M,规模不小,主要从事的是计算机硬件开发,由于公司多年"养尊处优",自身市场的销售份额不断下滑,员工也越来越懒散,效率低下,很多员工即使没有完成当天的工作任务,但在上下班时间上,却表现得争分夺秒,上班绝不早到一分钟,下班也绝不晚 30 秒。

两个不同的公司,两种不同的工作氛围,可以明显感觉到前者的工作氛围更积极向上。而其实在时间的考核上,腾讯不鼓励员工加班,但为了更好地完成工作,员工都自愿加班到深夜。

为什么这两个公司的差别会如此之大?正是因为我们前文提到的腾讯员工有极强的自我管理的主人翁意识,会积极主动地执行任务,努力提高自身效率。

腾讯里有一种良性竞争的文化,仿佛每个腾讯员工身上都有一个前进的方向,总是给自己定许多目标,你追我赶、齐头并进。有人这样形容"鹅厂"(腾讯的昵称)的"企鹅人"(腾讯员工):"可怕的不是那只企鹅,真正可怕的是比你领先、比你更有天赋的团队比你更努力。"

那怎么才能建立一个积极向上、与企业高度契合的价值观,让员工有一种主人翁意识呢?

海尔首席执行官张瑞敏在员工自主管理意识的建立上曾认为:"人是目的,不是工具。"他希望人不要把自己当成一个为实现别人目标的生产工具,而是要建立一个属于自己的目标,有主人翁意识。

时代在进步,仍然坚持企业中领导是决策者和管理的主体,而员工是被动执行者,是管理的客体的这种想法已经不能适应变化发展的市场了。现今需要转变思想,将员工也作为企业的主体,定位从"客人"升华为主人,这才是新时代企业应对市场变化、提高生产效率、增加市场竞争力的重要途径。

海尔首席执行官张瑞敏说:"海尔国际化战略能否成功,主要是靠每一个海尔人的国际化,有了每一个人的国际化才能保证海尔集团的国际化。"

海尔重视员工主人翁意识的培养,以海尔员工的自我管理变革为例,张瑞敏曾引用德鲁克的观点说:"让每个人成为自己的CEO,强调每个人可体现自身价值,拥有尊严。"

海尔变革是一步一步变化的:免检自主管理班组开始让员工直接接受市场的检验;运用倒金字塔模式,让一线员工拥有了更多的自主管理权;完全拥有"三权"的小微,海尔着力打造员工自主文化,让每一位员工"翻身做主"。

还有人单合一模式,也是海尔强调员工自主管理的一种模式,即"人即员工,单即用户,员工和用户的直连只是其表层含义"。让员工直接变身创业者,提高其参与的积极性。

在这方面,腾讯也做了许多努力,培养主人翁文化。2005 年 6 月,马化腾在一个大会上讲述早期创业时,提及了一位腾讯的早期员工对腾讯创业期间的回忆:"公司账上没钱时,没有人垂头丧气,这是真的。在融资的 7 个月里,大家都很关心融资(因为开不出工资)。但从没有人耽误工作,也没有人问。"

这些细节之处都是腾讯企业文化的体现,浓厚的主人翁意识将员工的价值观与公司的价值观高度契合在一起。

为什么员工的自主管理要建立一个与企业高度契合的价值观?因为这种价值观能推动员工主人翁意识的建立。让员工代表公司,与公司站在同一战线,主动为公司说话,建立员工对公司的归属感。

举个例子,以小 A 与小 B 为例。小 A 和小 B 同属一家公司的后勤部,一天他们二人同时接到第二天去市场采买物资的任务,小 A 需要为公司采买 5 台电脑,小 B 需要为公司采买 5 台打印机。

小 A 为了购买电脑,很早就去到市场,挨家去询价,最后对比出一款性价比超高的电脑。在结账的时候,也不断地与老板协商价格,努力将电脑价格压到最低。

小 B 则不然,因为公司给了充足的采买时间,小 B 觉得晚点出门也一样,于是在小 A 早已出门时,小 B 还在床上睡觉。当小 B 去到市场上时,也没有询价,直接找了一家供应商,简单询问后就付款了。事实上,这家店在这个市场上出售的打印机价格是偏高的。

小 A 和小 B 两人都完成了任务,但很明显,他们为公司带来的利益却不一样。小 A 为公司节约了开支,以最少的成本买到需要的物资,而小 B 明明可以花些精力货比三家,买到性价比更高的物资,他却不愿花费那份心力去为公司节省开支。

从小 A 的身上我们可以看到他的主人翁意识,积极站在公司的角度,以创业者的角度去竭力为公司节省开支,这种意识也会为企业在无形中带来许多额外的收入,因此,企业争相推动员工主人翁意识的建立。

不光是海尔的"人单合一",腾讯的福利也是积极推动员工积极性的一大"神器"。网上有个段子这样评价腾讯的福利,调侃腾讯用一整套的福利去"诱惑"员工发挥自己的主动性:

公司五点半下班,六点半有公司班车,没人逼你加班,但是许多员工为了能坐一人一座的大巴回家,都愿意主动加班一小时;而六点半准备坐班车回家时,又想起另一条制度:8 点钟有东来顺的工作餐,自己不想做饭,就再主动加班一小时。而吃完工作餐准备回家时,又想起一条公司制度:10 点钟以后打车可以报销。不想花力气去挤公交了,那就再主动加班 2 个小时。

管理学大师彼得·德鲁克曾说:"历史上成就非凡的人物——无论是像拿破仑、达·芬奇,还是像莫扎特那样的人——都一直坚持自我管理。"无论是对自我,还是对企业,自我管理的主人翁意识都会让自己拥有优于他人的强大市场竞争力。

高容错率

这个世界有许多失败，就像自然界里的太阳总是东升西落，月亮总有阴晴圆缺，水总由高处向低处流，成功的身边也总有失败的身影。

人们对待失败的态度往往都是厌恶的，它会给人带来许多的沮丧与无可奈何，倾尽所有，却毫无成效，最后落得个竹篮打水一场空。而在前行的路上，一旦被失败缠身，许多人就会害怕，害怕遇见失败，从而紧锁房门，不愿再迈出探索的步伐。

但其实，失败有时会比成功更加宝贵。《马太福音》里说："你们要进窄门。因为引向灭亡的门是宽的，路是大的，进去的人也多；引向永生的门是窄的，路是小的，找着的人也少。"

正视失败，会让人变得更冷静和理性，全方位地看待问题，找到属于自己的那道窄门。从失败中积累的经验和努力，会为以后的成功积攒下宝贵的财富,而这些未必能从那为数不多的成功中得到。

腾讯公司副总裁姚晓光就曾说过:"精品的诞生需要做到常人难以想象的尝试和重复次数。"姚晓光重视犯错,敢于犯错,他知道在打造精品时,前期虽然会付出大量的尝试和反复的验证,会加大成本的投入。但也正因为这些高投入支持下的试错,才使产品不断地被优化,研发水平不断提高,从而为精品的产生奠定了基础。这正应了那句话:"为了发现王子,你必须拥吻无数青蛙。"

腾讯是一个鼓励犯错的企业,因为只有犯了错,才能及时找到问题并加以解决,从而去开发出更好的产品,就像游戏"天天系列"在开发时,腾讯就鼓励员工进行犯错的尝试,去探索用户接受度最高的产品。

例如,游戏开发时错误版本修改的数量,也能从侧面反映出腾讯人对错误的容忍度。腾讯"天天系列"手机游戏背景音乐负责人 Chris 光是做背景音乐就做了十几版,有一天晚上他找到王晓明说:"我从来没有看到一个游戏团队对音乐这么较真";对游戏设计方面版本的修改更是"吹毛求疵",团队做了 10 多版的用户界面(User Inter-face,UI)设计,消除物更是做了 50 多个版本的内部迭代设计。

在游戏开发一周后,工作室还专门请了玩家到腾讯的用户体验室体验游戏,进行玩家调研,从大方向去寻找错误;开发到第 2 个月时,更是每天都请 2 个玩家体验游戏去找游戏中的漏洞,整整 1 个月的玩家体验,这个游戏开发团队都在不断地试错—修改—试错—修改,最终打造出了全民疯玩的"天天爱消除"游戏。

微信的开发无疑是成功的,但大家不知道的是,在腾讯内部,当时先后是有几个团队同时都在研发基于手机的通信软件,最后微信在这场角逐中获得胜利,而后才进入了公众的视线。

腾讯对手机通信软件的这种开发态度,无疑也是其对失败的理性认识。我知道这个方向是对的,在研制出产品前,除了最后取得胜利的项目,其他项目都在"陪跑",但谁又能精确地预知哪个项目会成功,哪些项目会失败呢?适当的犯错反而会增加打开成功大门的概率。

所以虽然微信的这种相互竞争研发的方式看似造成了极大的资源浪费,但是竞争也是激发团队创新的重要手段,即使有些团队会在竞争中"死去",但它们的失败却也是激发成功者灵感的源泉。

正如腾讯总裁马化腾所说的:"并非所有的系统冗余都是浪费,不尝试失败就没有成功,不创造各种可能性就难以获得现实性。"

失败对成功如此有利,为什么人们在尝试了数次后会放弃再次尝试?为什么腾讯在开发像微信这样具有行业前瞻性的手机通信产品时,不组建更多的团队去研究开发?为什么腾讯还能组建几个团队去试错,而一般的小公司根本不给自己试错的机会?

答案便是企业是有一定的容错率的。无论是哪个企业或个人,都不可能一直试错下去,总是不见成效的投入只会让资源越来越枯竭,最终企业会因为耗竭资源而死亡。

几米漫画改编的电影《星空》中有这样一句台词:"有些事情,从一开始就意味着结束,从一开始就知道没有结果,那是不是就不让它开始呢?"答案是要有选择,不一味地坚持失败,而是有长远的失败规划。

创新者都是如此。为适应之后的变化并且为了能够长久地发展,创新者们也需要从自己整个职业生涯去衡量。他们就会在体验的过程中把失败放置到一个更长远的规划中去，减少一次性输赢所带来的影响，因而可以允许失败。

但是，我们也会发现，身处一个快速变化的环境，即使我们再努力、再正确，也有可能面临失败。因此就需要考量你对失败的接受度，你的团队、你的人生可以接受什么程度的失败，了解了这一点后，我们才能更好地调动自身的积极性，促进成长。

企业需要一定的容错率，并且这个容错率比例的设置还必须与自身能力相匹配。企业的整体性越强，就意味着企业的容错率越高，因此不同企业的容错率是不一样的。

与一般的小企业相比，腾讯自身的结构非常完整，在公司正常的运营下，有一定的自我纠错改错的能力，存在错误冗余度，都是有底线地试错和犯错。但有些企业由于自身的结构不完整，因此一次小小的失败就有可能导致整个企业的失败，这些企业的容错率就非常低，通常是谨小慎微地进行公司的经营。

就像埃米·威尔金森（Amy Wilkinson）说的那样："小故障犹如河流中转瞬即逝的一朵小浪花。就算是大的故障，在更高的层级中也只相当于一个小故障，因而得以被抑制。"

失败并不可怕，要勇于去尝试、去试错，即使失败了，你也会得到比一次成功更珍贵的财富。但一定要注意，给失败加一个"紧箍咒"，要有与自身能力相匹配的容错率，这样才能长久地发展。

战略指导决策

自 1998 年创立以来，从毫无盈利的 QQ 到现今资本覆盖众多企业的腾讯帝国，腾讯至今已走过了 20 个年头，虽然一路跌跌撞撞，但就现状而言，无疑是成功的。纵观腾讯经营发展史，会发现其拥有独到的战略逻辑，牵引着自身决策的执行。

清代文人陈澹然说："不谋万世者，不足某一时；不谋全局者，不足谋一域。"腾讯发展战略的制定就具有全局性，会随着时代的变化而变化，战略指导决策的执行。

在过去腾讯发展的这 19 年中，尽管在具体项目的执行上，腾讯曾走了许多弯路，但在前进的方向上未出现严重的偏差。我们在市场上能看到许多腾讯成功产品的身影，如 QQ、微信、邮箱和国民火爆游戏等。这些都是腾讯决策胜利的果实。

当然,坐拥数亿用户的腾讯,也经历了不少失败。在这些失败的案例中,可以看见战略与决策的身影。在战略的指导下,决策偏离战略规划道路,就会与战略初心产生矛盾冲突,最终导致项目的失败。

就像电子商务市场被阿里巴巴占领,广告媒体市场被百度占领,社交网络及游戏市场的大头也紧紧攥在腾讯手中。这些领域的持续研发都是在它们各自的强势领域内,这样会降低开发风险。

而一旦跳出这些各自经过长久努力,自身已经有一定实力竞争的领域后,在新的领域进行拓展就要承担成倍增长的失败的风险,所以在这方面的决策需要慎之又慎。

怎样进行正确的决策? 机遇的存在,也意味着风险的存在,因而要拥有一个沉稳果断的战略指导,慎重选择,果断跳跃,踏实务实。

马化腾曾说:"不要一开始就设定宏伟目标,而是把目标放在最低点。创业者不能指望说要做到 10 亿元或多少亿元,如果腾讯当初这样想早就死了。高目标会左右创业者的每一步动作,接下来你会发现很多细小的事情都不好做了。"

企业在发展时,不同阶段的目标是不一样的,发展执行的方向也不一样,为什么会不一样? 因为不同企业的战略在不同时期是不一样的,什么时候做、做什么内容、要不要做? 这些决策都需要从总体的企业战略上进行思考。

腾讯在不同阶段的发展战略也不一样。初创始于务实基调,做自己最擅长的事情,那时的腾讯虽没有清晰的战略构想,但也一直努力让自己活下来,可以说那时的战略就是让自己活下来。

因此腾讯在决策的制定和执行上都非常务实,不好高骛远、眼高手低,无论是投身的行业选择还是项目的决策,都竭力去探索让自己活下来的道路。

在互联网大市场环境中,初创时的腾讯是一个再普通不过的公司,一开始做的产品方向也是看似前途无限,实则违背了市场竞争的原则,注定要被市场淘汰。

表面看,腾讯进入了与互联网最亲密的行业,实际上却未能跟随市场前进的脚步,选择了即将被市场淘汰的无线寻呼系统的开发和运营。随着移动手机覆盖率的增加,处于落后地位的腾讯尽管自身对寻呼系统做了许多创新,但仍无法阻止自己被不断挤出市场的命运,那时的腾讯处境非常艰难。

而 QQ 就是在这样艰难的处境下产生的,这也成为后来腾讯的求生之路。随着寻呼机市场的崩盘、"移动梦网"的开展,"移动 QQ"让腾讯第一次实现单月盈亏平衡,作为网络寻呼的 QQ 就这样在逆境中存活了下来。

之后腾讯为了盈利又做了许多努力,其中就有不成功的收费尝试,特别是 QQ 号码注册要收费这个决策,引起了用户的反感抵制,让腾讯第一次陷入舆论危机当中。这些成功和不成功的决策都是腾讯为了活下来所做的尝试,也是战略,在这样的战略指导下,腾讯经历了一系列的生存挑战。

而在腾讯成长期间,自身的战略也随之改变,更加倾向于"以服务用户为中心"的导向。在产品的研发和发展上注重用户体验,指导决策的执行。

2004 年 8 月,微软总公司组建 MSN 中国研发中心,并把基地建在上海。几乎与此同时,微软在北京也组建了 MSN 中国市场中心,腾讯历史上最重量级的敌人出现了。在腾讯应对吃力的时候,MSN 提出合作,但当时的腾讯却拒绝了。

为什么腾讯在不利的境况下仍然拒绝了 MSN?因为腾讯当时的战略发

展有重视用户利益的架设,实行"用户驱动战略",在新的领域开发上一切以用户为出发点,脚踏实地地为用户服务,沉浸在产品本身的研发上,而不是因为追求战略上的"新花样"使用户利益受到损害。

腾讯在这个战略的执行上态度十分坚决,这也得益于马化腾的"三问哲学":一问,这个新的领域你是不是擅长?二问,如果你不做,用户会损失什么?三问,如果做了,在这个新项目中,自己能保持多大的竞争优势?

事实证明这次的决策是正确的。2010 年 10 月,微软宣布关闭了 MSN Spaces 博客服务,导致全球有 3000 多万名用户面临着搬迁,而这期间微软却抛弃了上百万中国用户。因为在微软的博客服务商里没有中文版,如果当时腾讯妥协了,那么腾讯用户的权益必定逃不过这场灾难。

随着腾讯的成长,战略也变得越来越成熟。腾讯首席战略投资官刘炽平在上任后不久,又提出新的战略主张和发展蓝图:"腾讯希望能够全方位满足人们在线生活中不同层次的需求,并希望自己的产品和服务像水和电一样融入生活当中。"腾讯从封闭慢慢转向开放,从 PC 端慢慢转移到移动端,从稚嫩向成熟战略进阶。

这时的腾讯在各方面都具备了一定的实力,有了更多的资源去尝试,对自身流量也不断地进行开发,这些都是在全方位战略的引导下进行的。如果没有这样的战略指导,也就不会有这些战略决策。

腾讯对门户网站的投入建设就是如此,为了全方位覆盖用户,进行资源的整合,腾讯着力打造综合型门户网站。即使决策不一定是最好的,但是战略上腾讯需要这样的布局。

并且,尽管囊括了所有互联网服务,但客观说来,腾讯网却没有将腾讯自身拥有的雄厚流量很好地转换出来，使自己成了一个尴尬的存在，眼前有一大块蛋糕，却只能看不能吃。

而腾讯战略走向成熟的标志之一，就是从过去 12 年中的被动战略选择转变成主动战略出击，有明确的战略方向：连接一切，保持远见。

在腾讯经过成功与失败的产品之后，终于将自己的战略归结为"连接器"和"内容平台"。以通信和社交为核心平台，以微信和 QQ 为平台作为连接器，搭建生态系统，连接所有的人和资讯、服务，这也是腾讯一切决策的依据。

以核心业务打好基础，在完成了自己庞大的空间布局之后，再进行创新空间的冒险，进而形成战略开发后的谋略演变，最后完成探索中的修正。通过战略决策使腾讯保持蓬勃的生命力，紧跟时代前进的步伐，不断强化自己的优势，让自己在市场的优胜劣汰中能够长久地存活。

主动开放，最明显的就是从以前的单干，转变为现今对项目投资的浓厚兴趣。抓住自己的核心板块，在其他项目上，不再去追求全方位自我个体的完整覆盖，而是实行开放战略，寻求合作者去投资项目，去孵化企业。执行为战略定位，战略指导决策执行。

邮件管理

QQ 是一个遍布全中国，正在全球普及的聊天工具，微信作为后起之秀，也笼络了不少用户。各种规模的企业都在使用 QQ 或微信作为他们日常工作中互相沟通和传输文件的工具。

然而在偌大的互联网世界中，并不是只有 QQ 和微信这两种通信工具。一些大企业有自己的通信工具，为的就是进行信息保密。就比如网易的网易泡泡、阿里巴巴的钉钉、百度的百度 HI、中国电信的易信等。

作为中国通信界的大牛，腾讯内部还是习惯用邮件来进行沟通。媒体时常曝出马化腾又大晚上的给自己员工发了几百封邮件，员工晚上给几个老板发了一封邮件，他们在凌晨四五点的时候给了回复之类的新闻。

在私人聊天中，许多人都喜欢使用 QQ、微信这一类的聊天工具，然而在一个企业中，使用邮件进行工作交流才算是规范的沟通方式。千万不要小看邮件沟通,它比即时聊天更加正式,也是一个企业的一张对外名片。

一封邮件可以让别人更好地认识你,更好地认识你的公司。在工作中,发邮件并不像与好友聊天那样随随便便写点东西、发个附件就完成了。在与下属、同事、上级或客户进行邮件沟通时,有着不同的规范。只有遵从这些规范,才能更专业地展示你的个人形象和公司形象。

减少沟通漏斗

在综艺节目里,常常玩一种叫作"真人传真"的游戏。

首先,一组人排成一行,第一个人面向出题人,其余人向后转,背对第一个人;紧接着,第一个人看到主持人给的题目(一般是可以用肢体语言表达的成语、俗语、图片等);看完后,主持人收起题目,第一个人拍第二个人肩膀示意让其转身,然后通过肢体语言,把刚刚看到的词语的含义表示出来。第二个人再根据自己的理解,把信息用肢体语言传递给第三个人,以此类推。传到该组最后一个人时,这个人需要说出最初的题目。"传真"游戏看似简单,但在游戏结束之后却很难有胜利者,最后一个人给出的答案总是千奇百怪,甚至和原始题目毫无关联。

这个游戏告诉我们,多层级信息传递容易产生"失真"问题。即便重点被传送了下去,也会缺少许多细节。在管理中,也有这样的问题存在。当一个人和另一个人沟通时,嘴里说出来的信息已经打折,往往只能说出80%的信息了。

而在信息接收者一端,最终能够接收到的信息可能只有60%,而其中能消化掉的只有40%。在一段时间过去之后,这一段听到的记忆会逐渐消失,直至被彻底忘记。特别是在一个大企业中，一个任务的传达往往要通过层级的方式，而这就像一个漏斗，当任务下达到最底层的时候，已经漏掉很多东西了。

运用邮件恰好能够避免人与人沟通之间的信息漏斗。一方面，文字表达更加严谨周密；另一方面，口头表达较难达到"原句传递"的状态，而邮件可以实现"原文转发"，这极大地保证了原信息的真实性和完整性，防止信息被过滤而导致理解偏差。

逻辑严密

大家在打电话或者面对面交流时，往往是想到什么说什么，就算是在之前就已经打好了腹稿，说话的过程中还是会漏掉很多想法。而如果用邮件操作，就会有更多的时间去思考措辞，并且条理清楚地进行表达。

人们在写邮件的时候会不由自主地严肃起来，就像写书信一样，都有称呼、问候语、正文、祝颂语、署名……邮件就是网络上的书信。在公司用邮件沟通时，也可以明显感受到这种正式性与私密性。比如，邮件的"密送"和"分别发送"功能，就很好地保证了邮件的私密性。

通常，邮件写作习惯用序列号罗列出要点。在写作的时候，发送者就自然而然地会对自己的想法进行梳理，锻炼了逻辑思维能力。这种专业严谨的表达，有助于任务接受者进行理解，提高沟通效率。

有的人在发送带有附件的邮件时，不会在邮件正文解释附件的内容、用途。他们认为接收者打开附件自然就明白了。其实不然。发送带有附件的邮件更需要做出详细解释，告诉对方每个附件的作用，这样才算达到了沟通的目的。

　　不管是写作还是说话，其实都存在一定的逻辑，而这种思维能力是需要反复训练的。没有人天生会演讲，也没有人天生会写作。但只要不断练习，就能够提高逻辑能力。在工作中，使用邮件沟通，无疑是训练逻辑最便捷的方式。

信息保存

　　邮箱有一个非常显著的特点是，不管使用者在何时何地用哪种电子设备，都可以阅读邮件内容。在这一点上，即时聊天工具就不能做到，因为一般它们的聊天记录都是储存在本地的，无法实现随时随地、多设备同步读取文件。虽然现在不少软件增加了漫游系统，但仍然有局限性，尤其是涉及文件保存的时候。

　　也就是说，在手机 QQ 对话框收到的文件，不一定能够在电脑 QQ 上接收到。但如果使用邮件，不管是手机、电脑还是 iPad，只要有邮件应用或者网页浏览，都能接收和阅读。

　　另外，聊天工具的文件保存能力也不及邮件。QQ 和微信在接收或传送文件之后，只能保存 7 天，一旦过期就无法查阅了。如果需要再次下载，只能再联系对方，这会带来更大的沟通成本，而且对方也不一定会保存原文件。相较之下，邮箱存储时间更长，还能满足多次下载的需求，这就大大减少了工作中文件保存及查阅的不方便之处。

　　邮件沟通还有一个好处是，同一项目的沟通内容，可以集中到同一封邮件中。也就是说，无论双方沟通了多少次，都可以在同一封邮件中看到所有的记录,这就减少了调取资料的麻烦。

既然邮件让信息变得"可查",那么在项目发生问题的时候,就可以通过当时的邮件记录,确定是哪一个环节发生了错误,并且"责任到人"。这不仅能够帮助企业更快地找到问题所在,还能够明晰责任,减少纠纷。

不过,也有许多人认为,邮件的"延时性"是一大弊端。一封邮件发送之后,对方或许1分钟就回复,或许好几天才回复,还有可能漏看了邮件导致没有回复。为了避免这样的问题发生,腾讯员工养成了一个习惯:每天至少查看一次邮件,了解自己有没有新的任务或者是问题,从而去实行或者是解决。至于每天什么时候查看以及查看多少次,并没有硬性规定。对于一些紧急的邮件,可以在发送后致电接收者,提醒对方查阅回复即可。这样一来,信息的完整性、严密性和时效性都得到了保证。

从集中到均衡

1998 年,马化腾创立腾讯,当时的整个腾讯公司就只有一个产品——QQ。到了 2018 年,腾讯的产品已经变得非常多元化。在这 20 年中,腾讯由小变大,走过了一道道坎,取得了辉煌成就,途中有欢笑也有泪水,有成功也有失败。

扩张,是一个公司由小变大的必经阶段。然而怎么做到均衡发展,也是一件不容易的事。当一个公司开始发生裂变的时候,轻重不均是最容易发生的事:或是做了一个错误的决策,或是一个好的项目却分配给了一个错误的领导者,这些都是导致失败的因素。

自古以来,中国人就讲究一个平衡之道,然而怎样才能在企业发展中做到平衡,却是要自己一步一步去实践的。

人员的调配

企业进行扩张,招人是不可缺少的一部分。新人招进来了,一般选择公司中的老员工作为领导者,这样才会有所把控,而如何选择一个领头人自然是一个重要的问题,腾讯在进行某个项目的时候就曾因为选错了管理者而导致了整个项目的失败,后来及时地进行了调整,才让这个项目顺利进行了下去。因此,想要公司更好地发展,懂得选贤举能是极为重要的。

除了正确地调配人员,现在国内有很多企业都实行轮岗机制来进行公司人员安排的平衡,比如腾讯、华为、阿里巴巴等,都有自己的轮岗机制。总结来说,轮岗机制分为两种类型:(1)非强制性轮岗;(2)强制性轮岗。

阿里巴巴和华为采用的都是强制性轮岗。

2012 年,阿里巴巴就进行了一场"大型轮岗",其中有 22 位高层被安排到了其他的平级岗位上。当然,这只是前菜,后续还会让下一层的管理者也进行如此轮岗。阿里巴巴这么做有 2 个目的:(1)加强各部门的沟通和合作能力;(2)避免拉帮结派,互相包庇。

在此之前,阿里巴巴刚刚被爆出了旗下的聚划算内部管理存在问题,有违规操作的现象。马云在得知这种情况之后,就进行了大刀阔斧的改革。

而在华为,进行的则是员工轮岗。当员工在岗位上到达瓶颈期后,华为便会让此员工进行轮岗,假如该员工在多次轮岗后还是无法适应,华为会再做其他安排。

相较于阿里巴巴和华为,腾讯采用的则是非强制性轮岗。这种非强制性轮岗在腾讯被称为"活水计划"。同样是在 2012 年,比起阿里巴巴大刀阔斧的高层强制调动，腾讯则选择了温柔的自主选择性调职。

腾讯有几万名员工，当一个员工认为自己在此岗位已经没有进步空间的时候，往往会想换一个岗位，但是这种想法多数会被上司驳回甚至是开除。"活水计划"就是由此诞生的。

腾讯直接上线了一个可以进行内部应聘的平台，员工可以通过这个平台查看内部的招聘信息然后去应聘。只是在初期，使用这个平台的员工并不多，因为它不够隐秘，总是会暴露那些想要转岗的员工的想法。后来这个平台不断完善，再加上高层有意推广，使用的员工正在逐步增长，腾讯也通过这个平台实现了内需转换最大化。

资源的置换

企业的扩张，除了要在适合的岗位上安排适合的人员，也伴随着产品的从寡到多。

无论是互联网企业还是传统企业，在推出新产品的时候都会想办法进行引流，让更多人去关注、使用新产品。在互联网上，只要自己有一个流量大的产品，便可以不依靠其他公司的力量，自发进行引流。

QQ发展到今天，积累了非常大的用户群，然而一个产品的成功并不代表企业的成功，QQ在一开始的时候也像一个老大哥一样扶持着腾讯旗下的各种新产品，每次这些产品面世之时，QQ上就会猛打广告，让你一登录QQ就会看到各种产品的广告。

这种举动就是把自己的用户分流给其他产品，实现盈利。只是这些产品并不是每一个都很成功，如果不加选择地推荐，只会毁掉推荐软件的口碑。

所以到了后期,腾讯的产品越来越多,而 QQ 上打的广告反而越来越少,它会有选择地进行推荐,筛选出自己的"重点培养"对象。

从全部推荐到重点推荐,这并不是从均衡走到集中的路。均衡之点,在于如何把握企业的平衡,以推动公司的长久发展。现如今只推荐"重点培养"对象的 QQ,何尝不是在激励腾讯旗下的其他产品,调动员工的积极性?然而,应该如何把握平衡,也只有在经过不断实践之后才能把握住那个点。从集中到均衡的这一条路并不好走,虽然有前人所栽之树,但一定要知道过犹不及。

这个社会永远都是适者生存,公司就是一个小型社会,一个公司的发展趋势,实际上也是整个社会发展趋势的缩影。顺应时代、学习经验、积极创新,才能走出一条属于自己的路。

快速调整

企业在发展的过程中难免会产生错误与矛盾,更甚的还会发生战略上的偏移。这些"不正确"的出现难以避免,因此,及时认识到错误,拨乱反正甚至逆流而上,才能使企业活得更加长久。

企业的矛盾分为内部矛盾和外部矛盾。俗话说得好,攘外必先安内。企业内部都是一团乱,还怎么出去"开疆扩土"? 因此,如何正确地处理这些错误,就成为企业管理的重中之重。

内部错误一般都是由员工引起的,而外部错误一般是企业战略上的失误和企业员工的失误。企业内部矛盾一般分为三种:(1)员工犯错;(2)员工对企业有意见;(3)企业制度存在问题。

这些问题在企业成立初期或许还不太明显,但是随着企业规模的扩大,它们就会接踵而来。如果不能好好解决这些问题,问题就会像滚雪球一样越来越大，直到最后爆发。有问题就要尽快解决，这才是长久发展之道。

内部调整

现今有许多公司都有收集内部意见的方法，传统企业一般在公司内部都设有意见箱，员工可以把自己对企业的建议、意见写下来后投进去，公司再对这些建议、意见进行针对性的处理。这种处理方法一般都有滞后性，因为这些意见箱一般是定时打开收取里面的信件，这样就无法快速地满足员工的需求，形同虚设。

而互联网公司多数会采用建构一个内部论坛或内部系统的方式来听取员工的建议、意见，并及时采取相应的措施。

腾讯也不例外，因为腾讯风气开放，所以其论坛上也是包罗万象，上面包含了员工的吐槽、抱怨，对公司的建议也是五花八门，各有各的表达方式。有人会天天在办公桌上放一个温度计然后拍照片发出来，也有人会直接吐槽觉得什么产品不够好，又或者是要求更多的福利。

腾讯的人力资源部门很多时候是通过查看内部论坛的方式来发现员工的需求，再在公司内进行相应调整，从而解决他们的问题。

比如腾讯的"十亿安居计划"，就是因为内部论坛上一个员工曾经抱怨房价太高的帖子。

从发现问题到解决问题，这或许是一条漫长的道路，只看解决者到底是用走还是用跑的。快速解决问题能加强公司的凝聚力和向心力，让员工有如同家一般的感受。反之，如果发现问题不解决或者是行动严重滞后，则会让公司的员工渐渐丧失对公司的信心，如同一盘散沙。

除了员工主动提出的意见,公司内部也应该不断努力,积极发现应该调整之处并征求员工的意见,主动调整不合理之处。腾讯就是由下至上都愿意倾听大众的声音,对此而做的修改才是真正"得人心"的做法。只有满足员工的真正需求,而不是通过执行上级的想法来"满足"员工的需求,才能让员工更有归属感。快速也很重要,响应速度和满意度是成正比的。

不仅是问题的解决,在腾讯修改制度和制定新制度的时候,也是采用由下至上的方式进行的。在制度的制定上,很多公司都是先由高层提出,然后一步步完善,最后颁布制度。很多时候直到制度颁布了,员工才知道这件事,这样会令不少员工对其中的一些条例产生不满。

但当腾讯要决定制定一项新的制度时,人力资源部门会先进行调研和员工访谈,然后再开始拟订一个方案,拟订方案之后也会先找一部分员工来尝试推广,如果都能接受才会推行开来。快、准、稳地直击员工内心,再做出相应的调整,也是腾讯制胜的法宝之一。

外部调整

内部问题解决了,大家才能一心对外。不过,在面临外部问题的时候,就要看领导者的决策力和反应了。只有及时地做出正确的选择与相应的调整,才能及时止损,甚至是扭转局面。

2012年,著名的"3Q大战"至今仍让人记忆犹新。这场战争并不是偶然的,而是这两家企业经历了好几年的摩擦之后终于爆发出来的。

2010年,奇虎360发布"隐私保护器",这个软件的功能是收集QQ是否侵犯了用户隐私的证据。为什么会出现如此针对腾讯的产品,还要从2006

年说起。

2006年,腾讯研发了QQ电脑管家,凭借QQ的助力推广,迅速在杀毒软件的江湖中占据了一席之地。这让原本通过免费试用把瑞星、金山打得奄奄一息的奇虎感受到了威胁。于是在2010年,奇虎发布了"隐私保护器"。

这也是这场"战争"的导火索。

被奇虎如此针锋相对,腾讯自然也不服输,随即就表示360借助不健康网站进行推广。两者的矛盾愈演愈烈,"战争"终于爆发。2012年11月3日,腾讯搞了一个大动作——"有它没我,有我没它!"(在电脑上安装了360安全卫士的用户全部不允许QQ上线;想要上QQ,就必须卸载360。)如此的"宁为玉碎不为瓦全",震惊了整个网络,后来还是工信部介入调停,才让整个战争落下了帷幕。

这场战争腾讯输得很惨,且不说战斗的第一枪是它先打响的,360的弱者形象也赢得了不少网民的支持。

看到网上几乎是一面倒的形势支持360,腾讯自然也慌了。这让马化腾开始思考以前的战略是否出现了错误,未来的路是否需要修正。

舆论可以杀人,自然也可以"杀死"一个企业。

以前人们对腾讯也是骂声一片,然而虽然嘴上骂着"抄袭",但手上还是玩着腾讯的游戏,贡献着荷包里的钱。这样的结果让腾讯并不重视抄袭之事,反正有钱赚。但经过了"3Q大战"之后,腾讯真正地意识到了这样下去是不行的,人们对企业的坏印象只会无限地叠加,直到最后彻底放弃你。

互联网公司需要的就是人气,如果没有人气,没有用户群,产品是生存不下来的。

如果当时马化腾没有调整战略,如今的互联网公司格局是否会不一样,我们不得而知。只是通过这场"战争",我们可以看到,以前的腾讯几乎都处于"闭门造车"的状态,什么都得一家独大。而现在,腾讯更多地采用合作共赢的方式,投资了许多产品,比如搜狗、金山、京东等,到处都能看到它们合作的身影。

如今的马化腾喜欢自称自己只留"半条命",他表示:"腾讯并不希望成为一家传统意义上的大公司,而更渴望生长进化成一个共享共赢、没有边界的生态型组织。"而腾讯现在正用行动实践着这一理念和目标。

走弯路并不可怕,可怕的是走上了弯路还认为自己是对的,还要继续走下去。及时地认识错误,及时地做出调整,才能走出一条宽阔大道。

第六章

管理目标：
自由地失控

24 年前，一个叫凯文·凯利的中年人写了一本书叫《失控》。24 年后，这本书被腾讯高层奉为圭臬。凯文·凯利的"失控理论"不是指一个组织在失去控制之后变成的混乱状态，而是指巨大生态系统里的一种自发秩序。它脱离了干预控制，却仍然能够凭借个体意识持续有序地运转，可以说，这是最理想的一种组织状态。

　　在自然界中，有很多生物都是按照这种失控状态来运行的，它们没有自上而下的管理，但在隐秘秩序的控制下，一切仍然都显得有章有法，并然有序。腾讯的管理，曾经从传统意义上的"失控"走向过"把控"，而马化腾的设想，则是在未来，腾讯能够从"把控"走向凯文·凯利眼中的"失控"，在腾讯内部最终形成一种自我生长、自我净化的能力。

一个企业，一个宇宙

未来的企业组织是什么样的？我会把它比作一个小宇宙。在这个宇宙体系内，有水星、金星、地球、火星、木星、土星、天王星、海王星等行星，它们按自己的轨迹公转和自转，形成了互相影响又互不干扰的状态。当然，在宇宙中还有星际尘埃，脉冲星，星际有机分子以及各种已知或未知的暗物质、暗能量。

在无限大的宇宙中，数不清的物质各自运转，维持着整个宇宙的运行，这就是未来企业组织的样子。2012年4月，在与《失控》的作者凯文·凯利交流时，马化腾说："对于我们来说，内部管理问题是一个非常大的担忧，比如员工人数增加非常快，去年增加60％，现在突破两万人，文化的稀释，包括管理方面其实会产生很大的问题。"

马化腾提出这一担忧之时，腾讯刚启动了开放战略不久。那时，腾讯的外部合作伙伴仅 2 万人,而马化腾提出的小目标是"希望合作伙伴的数量能突破 10 万"。当时,就有评论认为,腾讯未来能够走多远,取决于其开放的程度有多大。

2016 年,在第六届腾讯全球合作伙伴大会上,首席运营官任宇昕表示,腾讯开放平台上注册的创业者已经超过 600 万,其中已经有 30 家创业公司跻身为上市公司。除了庞大的外部合作伙伴队伍,腾讯内部的员工在 5 年内(2012—2017 年)也翻了一倍,超过了 4 万人。

可以看到,腾讯的小宇宙正在吸纳越来越多的物质,而且速度越来越快,谁也无法预计它的容量有多大。或许有一天,它会像宇宙那样无限大,容纳万物。在想象未来之前,我们再回过头追问一下,宇宙是如何转动起来的?

自由之光

想象一下，百亿年前，宇宙还是一个小小的封闭空间，一片漆黑。不管朝上还是朝下，往前还是退后，向左还是向右，都会回到同一个原点。这不是一个迷宫，而是一个牢笼，没有里外之分，它既存在，也不存在。

1931年，科学家勒梅特在《自然》杂志上写道："几十亿年前，整个宇宙就是一颗无限致密、无限炽热的原子。然后，空间在这个原始火球中诞生。空间诞生后，时间也随之诞生，火球迅速膨胀，物质开始出现。"

1998年11月，在腾讯创立之时，就是一个无限致密、无限炽热的原子。经过了约20年的"运动"，一道光出现，腾讯火球迅速膨胀，直至爆炸。那么，腾讯的宇宙之光是什么？我们得到的答案是：自由。

互联网之自由

在古拉丁语中，"自由"（liberta）一词的含义，是指从束缚中解放。英语中的"liberty"的词源即源于古拉丁语,最早出现在 14 世纪。而更广为人知的"freedom"一词则在 12 世纪前就已经形成,所指的是不受任何羁绊、自然生活、获得解放的意思。

人类生而追求自由,历史上的每一次变革,法国大革命、美国独立战争、苏格兰起义……无不是为了争取自由而来。胡适先生在《容忍与自由》中写道:"中国几千年的政治思想史、哲学思想史、宗教思想史中,都可以说明中国崇尚自由的思想传统。假如有一天我们都失去了自由,到那时候,每个人才真正会觉得自由不是奢侈品,而是必需品。"

在美国电影《勇敢的心》中,主人公威廉·华莱士在忍受酷刑时,用尽全身力气喊出一个单词——"Freedom!"这一声吼,让许多观众热泪盈眶。多年后回想起来,仍然历历在目,震撼不已。

腾讯赖以生存的互联网世界,更是尊崇自由之美。卢梭曾说:"人生而自由,却无往不在枷锁之中",身份的不同所导致的不同境遇,庶几霄壤。但正是互联网,提供了打破枷锁、摧毁权力的可能。互联网让人看到个人的伟大、激发个人的能量,尤为重要的是,互联网提供了冲破枷锁的工具。也正是从这个意义上,平等、开放、共享、自由的互联网精神,传达的其实是对权力的蔑视、对等级的唾弃、对平等自由的向往和追求。

凯文·凯利在《失控》一书中提出,网络是群体的象征。由此产生的群组织——分布式系统,自我分布在整个网络,以至于没有一部分能说:"我就是我。"无数的个体思维聚在一起,形成了不可逆转的社会性。它所表达的既包含了计算机的逻辑,又包含了大自然的逻辑,进而展现出一种超越理解能力的力量。

互联网为个体带来更多的自由,这是由互联网的技术本性、互联网的文化精神决定的。互联网的基础是信息技术,信息不同于物质,它没有质量、没有体积,自由流动是它的生命,互联、共享、开放、平等、自由等公认的互联网精神无疑也会为个体自由提供精神土壤。可以说,"自由"一词是中外所有互联网企业的出发点,也是互联网的"初心"。恪守"自由"的精神内核,一个互联网企业才可能成为有价值、受尊重的企业。

组织管理之自由

16 世纪,法国宗教改革家、加尔文教派创始人约翰·加尔文提出:"所有人在世上都有使命,履行自己的义务是神圣的职责。克己的工作把人提高到了天赋使命之上,工作是人为上帝之选的唯一标志。"在这样的宗教理念里,人与工作的关系是必须服从,人生来就是为了工作,因为这是上帝的安排。

那时候,人类并不认为自己可以选择工作,也不知道工作能够让人获得精神上的满足。而现在,人对工作的自主选择性更强了,我们能够选择喜欢的工作,拒绝不喜欢的工作,有机会探索和挑战更多的任务,可以为了取悦自己而工作。

20 世纪,泰勒为了提高工人的劳动效率,以秒表为武器,详细测量工作的每一个环节所需要的时间。根据他的测算,从理论上讲,若按最有效的方式开展工作,一名叫作施密特的普通生铁铲工一天可以装载 42 吨生铁,通常他每天只能装载 12 吨半。于是,当泰勒用秒表管理工人之后,劳动效率大大提升,普通工人施密特的产量增加了 400%,个人收入则提高了 60%。

1918 年,"管理理论之母"玛丽·帕克·福列特提出了与泰勒相反的观点。在《新国家:作为大众政府解决方案的集体组织》一书中,她写道:"人们只有在集体组织之中才能发现真正的人。个人的潜能在被集体生活释放出来之前,始终只是一种潜能。人只有通过集体才能发现自己的真正品格,得到自己的真正自由。"

福列特的观点是,只有主动参与,才能实现每个人的社会目的。有评论称,福列特是一位有着强烈人文关怀的学者,她关心的是如何使人在拥有真正的自由和得到充分发展的同时,创造一个井然有序的、公平的社会。

福列特倡导通过团体生活释放被压抑的人性,反对社会中的千人一面、个性日益平庸化的趋势;泰勒则认为需要建立机械化的用人制度。在那个物质生活尚未被满足的时代,泰勒的理念显得更加实际有效。而在今天,福列特的观点显得更有前瞻性。因此,有人认为,福列特的思想超前了半个世纪甚至80年。

企业家们认清了一个事实:一个主动工作的员工和一个被动工作的员工,他们的劳动效率是有极大差别的。一个真正想做好工作的员工,就算没有秒表逼着他,也会在最短的时间内把工作做到最好;一个不情愿工作的人,就算拿着鞭子抽他,也做不出什么让人惊喜的成绩。企业家们正是认识到了这一点,才开始关注员工的心情和个人需求,采用一些激励的办法,让员工高兴起来,更好、更快地完成工作。

管理学的诸多探索,追根溯源都能在福列特那里得到启示,现代管理学大师德鲁克把她称为"管理学的先知"。与她的观点类似的观点还有许多,比如20世纪40年代流行的"工作丰富化"(Job Enrichment)概念就认为,一旦商业组织能把自己和员工从数字牢笼中解放出来,创造性地扩展个人在企业里的角色，它就能够变成一股巨大力量。

在先进知识观念的教育下，人们也终于意识到了个人的潜力。1980年，在《第三次浪潮》一书中，未来学大师阿尔文·托夫勒预想了未来的工作环境：未来办公室的形象应该是整齐、流畅、脱离现实的。现实从来都是一团糟。但显然，我们正迅速地走在这条路上，哪怕是朝着电子化办公室的部分转变，也足以触发社会、心理和经济上的巨变。即将来临的文字震荡，不光意味着新机器的出现，它还注定要掀起所有人际关系的重组，人在办公室里的角色也会发生变化。而如今，我们正置身于托夫勒的预言之中，未来已来。

不可否认，组织干预有助于企业顺利生长。这就好比人类教育，一个人在出生之时，需要父母、老师的指引，树立自己的世界观、人生观和价值观。等到长大之后，理论上到18岁成人之时，他就要在这个世界上独立生存，脱离父母和学校老师的牵引，用自己的思想去面对未来。长辈扮演的角色就是组织干预，随着孩子的长大，干预的力量会不断减弱。不管是否愿意，父母必须放手，才能让孩子真正地成长，而这也是人类的传承之道。

一家公司的成长发展，就像生命体一样。在初期，通过组织管理的干预，建立自身可持续运行的体系。随着公司的壮大，组织干预变弱，公司体系开始自我运行。在这过程中，需要提醒的是，许多企业管理舍不得放手，这将成为组织发展的最大阻碍。

腾讯之自由

物竞天择，适者生存。在互联网世界，只有适应自由，并且让自由发光发热，才能够活出自我。那么，腾讯是如何做到自由的呢？我们可以从一些现象中感受一二。

比如，腾讯没有"打卡上下班时间"；腾讯在深圳的公司有许多辆班车，早上 8 点到晚上 10 点都有，覆盖 1000 多个站点、370 条线路；8 点钟的工作餐，除了东来顺还有麦当劳、稻香村，腾讯还自己开了个咖啡馆"Image"；晚上 10 点后由公司出发回家的深圳市内交通可以报销，广州地区为 9 点半；为了让员工坐得舒服，马化腾亲自挑选、试用办公椅，单是采购座椅就花了 5000 万元。

在员工个人置业方面，腾讯也有扶持政策。其中一条就是被曝光过的"50 万买房借款"，无须担保、利息，达到条件的员工出具购房合同就可申请，一线城市的贷款额度最高是 50 万元，二线城市为 25 万元。对于年轻的租房员工，腾讯则采用补贴政策，北上广深每人每年补贴 15000 元，其他城市每人每年 7500 元，这项政策面向腾讯的正式员工，并且工龄低于三年。

诸如此类的表现，也印证了腾讯"关心员工成长"的管理理念。通过为员工提供良好的工作环境和激励机制，完善员工培养体系和职业发展通道，充分尊重和信任员工，不断引导和鼓励，让员工与企业一起成长的同时，还能拥有成就的喜悦。

而这一切，都是朝着自由之路而去。在这些管理方法的"护航"之下，腾讯的员工受到了企业的尊重，呼吸到了自由的空气。许多人一提到上班就头疼，感到压力很大，但腾讯员工在重压之下还能自由生存，这就得益于组织管理为他们营造的自由空间。吴迪认为，在腾讯的企业文化中，"自由"其实已经形成一种灵魂，无须写入规章，这是腾讯的基因。

"使产品和服务像水和电融入人们的生活，为人们带来便捷和愉悦。"这是腾讯为自己设定的一大使命。更进一步说，腾讯期望能够悄无声息地渗入人们的生活中，这是一种自然的过程，而不是刻意或强迫的。这样的思想，是为自由而来。

内部如此，外部亦然。腾讯内部团队和人员以及大生态体系中的投资人、公司、个体合作者，就像是宇宙中的物质，有恒星，有行星，还有星云、星团，等等。每一个物质都在自己的位置不停运动，而它们之间的融合能够产生巨大的能量。例如，几万颗、几十万颗恒星可以聚集成球形的星团，这些星团的组合，不再是单纯的星群，而是夜空中最美的银河。

在同一个生态下，每一种物质吸取了自由之光，亦在万有引力的作用下，实现自由生长，从而也使腾讯的宇宙更长久地运行。在这个宇宙空间中，腾讯不是中心，投资人不是中心，合作伙伴也不是中心，唯有自由才是。同时，在自由的环境中，也会出现许多小故障，它们的存在不是错误，而是为了避免大故障的发生。企业的宇宙空间越自由，对容错能力的要求就越高。拒绝错误不能保证它的持续运转，关键是对错误的学习力和容纳力。

在失控中变形

1994 年,凯文·凯利完成《失控》一书时,鲜少有人能够完全理解书中的景象。而 20 多年后,越来越多的人意识到,凯文·凯利的预测成为一种趋势。这本书的英文名为"Out of Control",中文翻译为"失控"。这个词语容易让人误以为作者想要表达的是失去控制的混乱无序、低效甚至自我毁灭的状态。

而实际上,书中的"失控"是指巨大生态系统里的一种自发秩序。它脱离了干预控制,却仍然能够凭借个体意识持续有序地运转,可以说是最理想的组织状态,理解为"控制之外"或许更为恰当。

凯文·凯利举例说,单个蚂蚁或者蜜蜂的行动回路十分简单,但当巨量个体组成组织体时,整体的行动则呈现出一种近似于智慧生物的秩序和效率,这就是自下而上的集群智能(Wisdom of Crowd)。而永远采取自上而下的控制,是无法实现这种本质上没有限制和边界的智慧的。

或许有人会疑惑,凯文·凯利所谈及的失控,与泰勒时代把工人当作机器训练,都是为了达到一种有序的状态,这两者有什么区别呢? 笔者认为,其中最大的区别在于意识。20世纪的管理者,希望用自上而下的组织干预方法实现高效有序的管理,而未来的管理者会学习如何在控制之外创造更多的自由空间,让其中的人和事物有意识地进行自我管理、生成自体系,完成自生长。

物理学有一个标准术语叫作"熵",它可以运用到生态学、控制论等多学科中,包括管理学中。简单地说,熵是一个衡量系统混乱程度的度量值。在一个组织中,结构越简单统一,变化的可能性降低,熵就越小;结构越复杂,就越有可能产生新的形态,熵就越高。

大自然的趋势,是从有序到无序的,这就是"熵增"原理,就像把一个玻璃杯打碎很容易,而要把碎片修复成一个杯子就需要付出更多的能量;然而,所谓文明,就是在"熵增"意义下的"逆天",建构起从"无序"到"有序"的世界。

宇宙的寿命有多长? 根据2015年欧空局普朗克卫星所得到的最佳观测结果,结合之前的数据积累,现在得出的宇宙年龄是137.98亿±0.37亿年。而未来,宇宙能够存在多久的问题还没有清晰的答案,只能用"很长很长"来模糊回答。

在宇宙中,恒星们每分每秒都在供给能量,而当一颗恒星的能量耗尽,它就会变成一颗白矮星,然后慢慢冷却、晶化,直至最后"死亡"。如果宇宙中一颗恒星都没有了,万物将不复存在,宇宙也将消失不见。当然,如果真的有这么一天,距离我们可能也还有上亿年。

　　而一个企业可以活上亿年吗？从目前来看,寿命最长的企业也不过百年,一亿年实在太长。但不可否认的是,每一个企业都希望能够活得更久。

　　带着这样的美好愿望,企业管理者们注意到了生物科学家对变形虫的研究。被称为"经营之圣"的稻盛和夫先生所著的《阿米巴经营》一书就受到了变形虫研究的启发,将变形虫和企业经营管理结合到了一起。

　　变形虫,音译为"阿米巴",其身体表面会生出无定形的指状、叶状或针状的突起,称为"伪足",身体即借此而移动。随着伪足的伸缩,变形虫的身体轮廓也会发生变化。这种单细胞动物最让人惊讶的特点是,它可以无限分裂,永远不老。

　　实验结果表明,如果把变形虫始终置于营养足够的培养液中,变形虫可反复进行分裂和生长,无限生存下去。但是,如果把变形虫放置在营养成分仅能维持生命的培养液中(叫维持食谱),它的分裂不仅受限,而且最终将走向死亡。

　　既然变形虫可以在特定自然环境下无限分裂,那么企业可不可以在特定环境下实现自我分裂和生长呢？换句话说,我们要去寻找让企业实现无限生存的营养液,并且持续充足地供应,才能保证企业的无限生存。

　　可以说,自企业形成至今,一代代管理者都在研究"营养液"的神奇配方。对于其中的关键问题,有人认为是专注产品,有人认为是盈利,有人认为是领导力。而正如前文所言,笔者认为腾讯的营养液配方是自由。

　　在充满自由味道的宇宙空间中,自我创新变得更加容易达成,其中的物质能够更有意识地变形。在不同的情境里,用不同的形态生存下去,这种变形能力,也叫作自我创新。

没有马化腾的腾讯还是腾讯吗？

变形虫能够无限分裂的原因是，它不会发生细胞分化，其细胞本身就是一个独立存在的生命实体，新陈代谢和维持生命活动的各种代谢菌系统均完整地存在于一个细胞之中。而且其后代也永远保持这种生命的特性，即由一个细胞保持完整的代谢功能。

然而，在企业的一生中，一定会经历细胞分化，再强大的意志力也无法阻止变化的发生。人们常常去研究一个企业的基因或者文化精神，并认为这是一家企业骨子里自带的，不会轻易改变。但必须认清的事实是，世上没有不变的事物，包括基因和企业文化。即便是一代代地传承下去，也会出现新的变化。因此，我们需要思考的不是如何保持某种细胞或基因，而是如何优化它，学会打破组织，使其能够抵御侵袭。

对于腾讯来说，如何在当下和未来继续坚守自由的初心？或者说，外部格局的变化抑或内部格局的变化,会不会使腾讯的自由气质发生改变?没有乔布斯的苹果,已经慢慢褪去那曾经不可一世的魔力;而未来,没有马化腾的腾讯还是腾讯吗?

马化腾曾言,互联网对社会的浸透和自身的发育都是自发的,不是设计的过程,而是企业家时不时发明的过程。在这个过程中,我们要有企业家精神自发地发挥作用。企业家精神是一种创新精神,也是一种自在肉体,假如事前规划好这个能做、那个不能做,这个创新是不可能实现的。

其实,不管是马化腾还是任何一家企业的创始人,他们要做的不仅是尽心培养优秀的接班人,还应当将精神注入企业,形成企业的集体意识。由此,有他没他都不会对企业组织造成太大影响。一个人的力量是远远不够的,企业的自行运转需要一群人的推动。

没有马化腾的腾讯还是腾讯吗?这个问题,任何人都无法回答。

三百年前,英国天文学家艾德蒙·哈雷计算出了一颗彗星的时间轨迹。根据他的测算,这颗不断运动着的彗星每 76 年回归一次,下一次回归的时间是 1758 年。不过在哈雷的有生之年,并没有亲眼看到过这颗彗星。在他去世后的第 16 年,即 1758 年,这颗彗星如期而至,于是人们把它命名为"哈雷彗星"。

1986 年 4 月 11 日,时隔了 3 个 76 年之后,哈雷彗星依然准时出现了。这一次,15 岁的马化腾幸运地看见了这颗拖着长尾巴的彗星。他和天文学家哈雷的距离,从未如此贴近。时空变化就是如此奇妙,它可以无限拉长,也可以瞬间拉近。

宇宙在变化,恒星在变化,企业精神文化也在变化。永远保持一种企业文化,未必是件好事。如果有一天,腾讯不再有马化腾的印记,或许会成为另一种存在。时间是会流向好的结果还是坏的结果,不得而知。未来,也正因为这样的不确定性而更有魅力。

图书在版编目（CIP）数据

腾讯管理法 / 刘彦君,黎明著 . —杭州：浙江
大学出版社,2018.6
　ISBN 978-7-308-18061-0

　Ⅰ.①腾… Ⅱ.①刘… ②黎… Ⅲ.① 网络公司—企
业管理—经验—中国 Ⅳ.①F279.244.4

　中国版本图书馆 CIP 数据核字（2018）第 051512 号

腾讯管理法

刘彦君　黎　明　著

策　　划	杭州蓝狮子文化创意股份有限公司	
责任编辑	杨　茜	
责任校对	杨利军　牟杨茜	
封面设计	卓义云天	
出版发行	浙江大学出版社	
	（杭州市天目山路 148 号　邮政编码 310007）	
	（网址：http://www.zjupress.com）	
排　　版	杭州中大图文设计有限公司	
印　　刷	杭州钱江彩色印务有限公司	
开　　本	710mm×1000mm　1/16	
印　　张	13.75	
字　　数	153 千	
版 印 次	2018 年 6 月第 1 版　2018 年 6 月第 1 次印刷	
书　　号	ISBN 978-7-308-18061-0	
定　　价	49.00 元	